150 Jogos para a estimulação infantil 0 a 3 anos

150 JOGOS PARA A ESTIMULAÇÃO INFANTIL
ATIVIDADES PARA AJUDAR NO DESENVOLVIMENTO DE
CRIANÇAS DE 0 A 3 ANOS

Projeto e realização de Parramón Ediciones, S. A.
Direção editorial: Jesús Araújo
Assistente editorial: Elena Marigó
Textos: Jorge Batllori

Assistência pedagógica: Eva Maria Puyalto, Isabel Ruiz e Laia Pascuet (mestras em Educação Infantil), Conxita Pericó (pedagoga e diretora da Escola Infantil Magnòlia).

Fotografias:
Estúdio Nos & Soto *(páginas 42, 53, 58, 67, 69, 73, 75, 79, 81, 83, 87, 88, 91, 93, 95, 97, 98, 101, 103, 107, 109, 117, 121, 124, 127, 129, 131, 135, 138, 141, 143, 147, 148, 150, 151, 153, 159, 163, 164, 167, 169, 171, 175, 176, 178, 179, 181, 182, 184, 187 e 188)*
Marco Polo *(páginas 1, 9, 10, 11, 12, 14, 15, 17, 18, 19, 20, 23, 24, 25, 27, 28, 29, 31, 33, 38, 39, 49, 51, 54, 59, 61, 65, 71, 72, 76, 85, 105, 113, 123, 132, 137, 144, 156, 160, 162 e foto de cobertura)*
Corbis *(páginas 30, 35, 43, 55, 62, 68, 74, 115, 154 e 177)*
Age Fotostock *(páginas 56, 89 e 119)*
Daniel Julián *(páginas 40, 45 e 48)*
Jordi Vidal *(página 21)*

Ilustrações: Víctor Escandell
Desenho gráfico e diagramação: Alehop
Direção de produção: Rafael Marfil
Produção: Manel Sánchez

© 2003 Parramón Ediciones, S.A.
Publicado pela primeira vez em setembro de 2003

© 2009 desta edição:
Ciranda Cultural Editora e Distribuidora Ltda.
Tradução: Flávia Delgado

2ª Edição
5ª Impressão em 2015
www.cirandacultural.com.br
Todos os direitos reservados. Nenhuma parte desta publicação pode ser reproduzida, arquivada em sistema de busca ou transmitida por qualquer meio, seja ele eletrônico, fotocópia, gravação ou outros, sem prévia autorização do detentor dos direitos, e não pode circular encadernada ou encapada de maneira distinta àquela em que foi publicada, ou sem que as mesmas condições sejam impostas aos compradores subsequentes.

150 Jogos para a estimulação infantil

Atividades para ajudar
no desenvolvimento
de crianças de 0 a 3 anos

Jorge Batllori e Víctor Escandell

Sumário

INTRODUÇÃO 6

PRIMEIRO ANO
0-3 meses
A brisa 10
Estou aqui! 11
O ciclista 12
"Sapatinho musical" 13
O chocalho 14
Cadê? Achou! 15
Palmas, palminhas 16
Cada um dos seus dedos 18
Olha! 19
Ti-qui-ti-qui-ti 20
À noite 21
A bola gigante 22

3-6 meses
O avião 24
A gangorra 25
Arre, cavalinho! 26
Com as mãozinhas 28
O elevador 29
Está mexendo 30
Espelhinho mágico 31
O balanço 32
Ondinhas 34
Meu e seu 35
O pequeno malabarista 36
Luzinhas 37
Natação 38

6-9 meses
Brincar com caixas de papelão ... 40
Pulando obstáculos! 41
A marionete 42
Minha música 43
Banho divertido 44
As fotos 45
O túnel 46
Subir a montanha 47

O mundo do papel 48
No ar 49
O escorregador 50
O joão-bobo 51
As caixas mágicas 52

9-12 meses
Pega-pega engatinhando 54
A expedição 55
Os rabiscos 56
Estica e puxa 57
Rasgando papel! 58
A primeira construção 59
Cavalinho 60
O pescador 62
O lenço sem fim 63
O equilibrista 64
O presente 66
O primeiro aniversário 68

SEGUNDO ANO
12-24 meses
Minha cabana 70
Para trás 72
Artistas 73
Andando muito bem! 74
Pontaria 75
As cores 76
O boneco mágico 77
Vamos remar! 78
O pintinho 80
As bolhinhas 81
As fitas 82
A surpresa 83
Com as mãos na água 84
A lagarta 86
Dedos 87
Massinha 88
Encaixes 89
Meu clone 90
Os pares 92

Minha casa 93	A passagem secreta 149
A corneta 94	Quadro de adesivos 150
A serpente 96	O trenzinho 151
Quebra-cabeças 97	Ao ataque! 152
Desenhos na areia 98	Conte-me um conto 154
As duplas 99	Diferenças 155
O tesouro escondido 100	Movimentos 156
Argila 102	Natureza 157
Pulinhos 103	Quebra-cabeça 158
Castelos de areia 104	A pequena percussão 159
A orquestra 106	Bolhas de sabão 160
O carro 107	As folhas 161
O anel 108	A poça 162
Fileira de obstáculos 109	Os disfarces 163
Ladeira abaixo 110	Caminhos de linhas 164
A lanterna 111	A bola maluca 165
A locomotiva 112	Aviõezinhos de papel 166
Pescando "tampinhas" 114	Os alvos flutuantes 168
Estou vendo... 115	Os pregadores 169
O primeiro carro 116	Siga as pistas 170
Levantar com o cobertor 117	O que tem dentro do saquinho? . . 171
O carrossel 118	A caixa maluca 172
As roupas 120	Os ímãs 173
A colagem 121	O pequeno "chef" 174
Meus animais 122	Tirar o palitinho maior 176
Mostre-me 123	A parede 177
Boa pontaria 124	Que grande! 178
O sino 125	Saquinhos 179
O despertador 126	A cobra 180
A figura misteriosa 128	Cordas 182
Dar a volta 130	Bote e rebote 183
	O alvo 184

TERCEIRO ANO
24-36 meses

Passe-me a bexiga! 132	Mais cordas 185
O que você está ouvindo? 133	As batatas 186
O efeito dominó 134	Figurinhas planas 187
A sombra 136	A grande corrida 188
Bolinhas 137	
Girar a folha 138	**GLOSSÁRIO** 189
A ponte 139	
O mundo das bexigas 140	**TABELA DE OBJETIVOS** 190
O objeto fantasma 142	
O armário 143	**AGRADECIMENTOS** 192
Coloridos 144	
O naufrágio 145	
Números pequenos 146	
Os chapéus 148	

Introdução

Chegou um novo membro a nossa família, e a nossa alegria e esperança são, como não poderiam deixar de ser, indescritíveis.

A primeira coisa a considerar é que vamos ter de dedicar parte do nosso tempo a ele, mas não devemos encarar isso como uma carga pesada, mas como uma bênção: nos divertiremos muito com ele e o ajudaremos em seu crescimento pessoal, sobretudo, por meio das brincadeiras.

A brincadeira é uma atividade capaz de fazer com que a criança preste uma atenção enorme, pois, nesta tão tenra idade, esse é o modo natural de ela aprender, relacionar-se com os que a cercam, conhecer o ambiente ao seu redor, etc.

Não passaria pela cabeça de ninguém, por mais tolo que fosse, dar uma aula magistral de trigonometria a um bebê; no entanto, todos nós, de uma maneira mais ou menos consciente, sabemos que o nosso filho precisa brincar. Pois bem, é por meio das brincadeiras que a criança aprende muitas coisas de maneira ativa.

Também é certo que a criança deve aprender a brincar e, para isso, conta com os pais e os educadores, que são os primeiros brinquedos que o bebê tem ao seu alcance.

A brincadeira é uma das melhores formas de estabelecermos relações afetivas (tão importantes nesta pouca idade) com o nosso filho; além disso, as brincadeiras e risadas são fundamentais para que o bebê cresça saudável e, sobretudo, feliz.

Nosso tempo livre é a ocasião perfeita para passarmos momentos únicos com nossos filhos, ao mesmo tempo em que nos permite saber quem são, quais são suas capacidades, limitações, preferências, caráter, etc. Desta maneira, ele descobrirá a si mesmo, o ambiente em que está, outras pessoas e assim por diante. Desde já, pode-se dizer que brincar com a criança é uma maneira de ajudá-la a se conhecer, a se comunicar com aqueles que estão à sua volta e a se enriquecer como pessoa.

E o melhor de tudo é que, para passarmos bons momentos com o pequenino da casa, não é preciso qualquer dom especial, nem ser a pessoa mais engraçada e divertida do mundo, tampouco gastar muito dinheiro. Nada disso. Com um pouco de imaginação, muito carinho e dedicação, sem dúvida, conseguiremos. Basta colocar ao alcance da criança brinquedos e materiais apropriados para a sua idade. E, quanto mais variados, mais fácil será estimular as múltiplas capacidades do pequenino.

Capacidades que serão desenvolvidas

- *Capacidades sensoriais*: referem-se ao desenvolvimento dos sentidos.

- *Capacidades psicomotoras*: por meio delas, a criança aprenderá novos movimentos ou aperfeiçoará os que já sabe fazer.

- *Capacidades cognitivas*: estão relacionadas ao desenvolvimento da memória, da atenção, da criatividade, da expressão, etc.

- *Capacidades sociais*: graças a elas, o bebê se relacionará com as outras pessoas e conhecerá normas sociais.

- *Capacidades afetivas*: são elas que levarão a criança a se expressar de um modo espontâneo, aliviarão as tensões, serão responsáveis pelo desenvolvimento de uma certa autonomia, etc.

Todas essas capacidades não estão citadas por ordem de importância, já que todas são igualmente dignas de consideração. Sendo assim, temos que procurar fazer com que elas se desenvolvam harmonicamente.

A capacidade de aprender do bebê deve ser estimulada gradualmente. No começo, o pequenino prestará atenção no que fazemos e imitará a brincadeira, mas, pouco a pouco, por intermédio da manipulação e da exploração dos brinquedos, objetos ou materiais que colocamos ao seu alcance, ele descobrirá, sozinho, diferentes maneiras de brincar.

A nós restará a função de providenciar esses instrumentos de jogo de vez em quando, a fim de estimular sua criatividade. Portanto, este será o ponto de partida para que o próprio bebê coloque em prática sua imaginação. Muitas vezes, será necessário brincar de uma maneira mais ativa com ele.

E, se a criança se equivocar durante a brincadeira, não devemos nos importar, mas deixar que ela erre, prove, experimente... e torne a errar. Ela aprenderá com seus próprios erros muito mais do que se a ensinássemos.

Até agora, explicamos que as brincadeiras devem ser variadas. Tão importante quanto isso é programarmos algumas delas, sempre que possível, especialmente se não somos bons de improvisação. Assim, por exemplo, é bom termos à mão alguns jogos e brinquedos para animar a hora do banho ou prepararmos brincadeiras tranquilas e relaxantes antes da hora de dormir, deixando as mais dinâmicas para quando a criança estiver mais ativa.

Este livro

Nestas páginas, encontram-se 150 brincadeiras ou atividades para o seu filho, desde o nascimento até o terceiro aniversário. O livro está dividido em três partes: o primeiro ano (com os quatro primeiros trimestres separados); o segundo e o terceiro ano. Cada parte tem uma introdução, na qual podemos encontrar uma breve descrição de alguns dos muitos aspectos do desenvolvimento da criança que poderemos observar. Devemos levar em conta o fato de cada criança ser única e de não haver regras que sirvam para todas.

As brincadeiras ou atividades são simples e quase não precisam de objetos, brinquedos ou materiais. Em cada uma delas, há uma explicação clara de como realizá-la, assim como as capacidades que a criança desenvolve, e algumas variantes da brincadeira – variações que podemos ou não executar, considerando as capacidades e preferências de nosso filho.

Para terminar, uma reflexão: devemos dedicar todo o tempo possível ao nosso pequenino, assim ele terá mais possibilidade de crescer sadio e feliz.

E agora... Vamos brincar!

Nota importante
- *No livro, considera-se bebê a criança, tanto do sexo feminino quanto do masculino, que ainda não completou um ano.*
- *Apesar de, ao longo do texto, se falar em criança, filho, pequenino, etc., estas definições referem-se indistintamente a ambos os sexos.*
- *Da mesma forma, "pais" relaciona-se tanto a pai quanto à mãe ou quem os possa substituir em algum momento (avós, tios ou educadores em geral).*

O primeiro ano

De 0 a 3 meses

O bebê, desde o nascimento até os três meses:
- enxerga a uma distância de até 30 centímetros durante o primeiro mês;
- chora muito; é o seu jeito de dizer que quer algo;
- olha diretamente em nossos olhos e acompanha, com o olhar, qualquer coisa que se mova;
- sorri para as pessoas;
- movimenta todas as suas extremidades;
- fixa seu olhar sobre objetos de cores brilhantes e chamativas;
- demonstra interesse ao olhar para coisas diferentes e escuta sons diversos;
- gosta de ser balançado e segurado nos braços;
- parece escutar quando falam com ele;
- volta-se para onde vem o som;
- leva as mãos à boca com frequência;
- segura bem firme os nossos dedos com os seus dedinhos;
- é capaz de segurar um chocalho ou outro objeto colocado em sua mão;
- levanta a cabeça momentaneamente, mesmo ainda não sendo capaz de sustentá-la;
- dorme cada vez menos, portanto, passa mais tempo acordado; e
- começa a vocalizar.

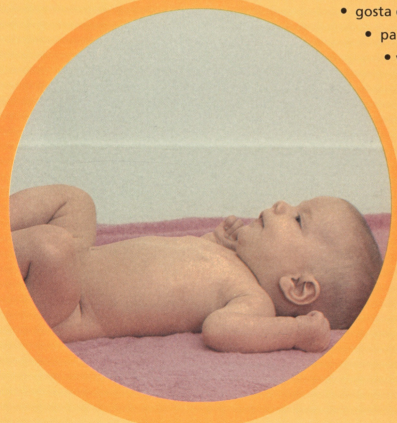

A brisa

Podemos aproveitar o momento da troca de fraldas do nosso bebê para realizar esta brincadeira de estimulação.

- Primeiro, pegamos uma de suas mãos e a colocamos entre nossos dedos e, depois, com muita delicadeza, sopramos a sua palma; em seguida, fazemos o mesmo com a outra mão e dizemos com ternura: "Estas são as suas mãozinhas!", e acariciamos suas mãos.

- Depois, pegamos seus pés com nossas mãos e, soprando-os suavemente, dizemos, olhando para o bebê: "Estes são os pés do meu bebê!", e também acariciamos seus pés.

- Podemos prosseguir desta maneira, repetindo a mesma ação de soprar, nas outras partes do corpo do bebê (as bochechas, os cotovelos, o pescoço, a barriga, etc.), sempre falando seus nomes e fazendo carícias no pequenino.

- Para finalizar, aproximamos nosso rosto ao do bebê e pronunciamos com suavidade e alegria seu nome: "Ai, que bonito é o corpinho do meu pequeno João!", e lhe damos um beijo.

- Quando sentirmos que o bebê está cansado, devemos mudar de atividade. A criança tem de desejar a repetição da brincadeira e ela nos demonstrará isso com gestos de alegria.

Será possível...

Estabelecer relações e vínculos afetivos entre o bebê e você.

•••

Ajudá-lo em seu desenvolvimento sensorial e motor.

•••

Fazê-lo começar a tomar consciência de seu próprio corpo.

•••

Acostumá-lo ao contato interpessoal e a se sentir querido.

Variações

É preferível que esta atividade seja realizada somente pelo pai ou pela mãe, um de cada vez. Todas as frases que dedicarmos ao bebê podem incluir seu nome. Podemos até nomear as partes do corpo fazendo rimas ou musiquinhas.

(0-3) meses

Estou aqui!

No momento em que o bebê estiver acordado no berço...

- Posicionamo-nos perto do berço, à vista do bebê, e o chamamos pelo nome com um tom de voz agradável, que o surpreenda sem assustá-lo.

- Se ele não notar nossa presença, aproximamo-nos um pouco mais, porque talvez estejamos muito longe dele (com bebês menores de um mês, será necessário posicionar-se junto ao berço e ir se movimentando ao redor dele, pois dificilmente o bebê nos verá a uma distância maior).

- Quando nos certificarmos de que o bebê já nos localizou com o olhar, mudamos de lugar e tornamos a chamá-lo.

- Por fim, cada vez mais perto, acariciamos sua cabecinha, ou lhe damos um beijo, e repetimos seu nome, acrescentando palavras de carinho, sempre sorrindo.

Será possível...

Exercitar os olhos e, sobretudo, o ouvido do bebê.

•••

Ajudá-lo a localizar e a identificar sons (nossa voz) e pessoas.

•••

Iniciá-lo na movimentação da cabeça e do pescoço.

•••

Estabelecer relações e vínculos afetivos entre o bebê e nós.

Variações

Podem participar os dois (pai e mãe) ao mesmo tempo, chamando alternadamente o bebê para que ele comece a reconhecer vozes.

O ciclista

Vamos fazer um pouco de exercício com o bebê. Para isso, podemos acomodá-lo de barriga para cima no berço ou no trocador.

- Pegamos seus tornozelos com as nossas mãos e vamos flexionando e esticando, alternadamente, suas perninhas com delicadeza: esticamos uma perna e flexionamos a outra, flexionamos a primeira e esticamos a segunda e, assim sucessivamente, seguindo um ritmo suave.

- Pouco a pouco, podemos aumentar a velocidade das "pedaladas" ou fazer algumas variações no ritmo (ora mais lento, ora mais rápido).

- Depois, para variar um pouco a brincadeira, segure seus tornozelos e estique ambas as pernas de uma vez. Enquanto isso, podemos cantar alguma musiquinha.

- Damos o exercício por finalizado antes que o bebê comece a demonstrar sinais de cansaço, o beijamos e fazemos cócegas nos seus pés.

Será possível...
Iniciar seu bebê na descoberta do próprio corpo.
•••
Potencializar o desenvolvimento motor das pernas do bebê.
•••
Favorecer a sincronização dos movimentos do bebê.
•••
Estimulá-lo a adquirir sentido de ritmo.

Variações
Podemos inventar outras musiquinhas, para alegrar qualquer momento da brincadeira com o nosso bebê e incluir nelas o nome dele ou o nosso. Um ótimo momento para realizar este exercício é depois de uma troca de fralda.

Um, dois, três, meu bebê dobra seus joelhos de uma vez. Um, dois, três, meu bebê estica suas pernas de uma vez.

(0-3 meses)

"Sapatinho musical"

Para realizar esta atividade, devemos preparar previamente o "sapatinho musical". Basta costurarmos com firmeza um chocalho pequeno na ponta de um dos sapatinhos de tricô (ou meias).

- Quando o bebê estiver no berço ou no carrinho, dormindo ou acordado, podemos calçar o "sapatinho musical" em um dos pés e o outro sapatinho, sem chocalho, no outro.

- Se o bebê não mexer as pernas, nós mesmos podemos mexê-las para chamar a atenção dele para os pés, aproveitando o som ou o brilho metálico do chocalho.

- A partir deste momento, o bebê mexerá as pernas para tentar tocar o chocalho com suas mãos. E também tentará aproximar o pé da boca.

- Em outro dia, podemos mudar o "sapatinho musical" de pé para surpreendê-lo.

- Se ele se entreter e demonstrar que gostou da brincadeira, poderá até sentir falta do chocalho quando estiver sem o "sapatinho musical".

- A atividade deve durar um tempo ponderado, para que a criança não fique cansada por causa do esforço.

Variações
Podemos utilizar sapatinhos de tricô (ou meias) de diferentes cores para que o bebê vá se familiarizando com elas. Também podemos usar luvas no lugar dos sapatinhos ou meias.

Será possível...
Exercitar as pernas e os braços do bebê.
• • •
Iniciá-lo no reconhecimento das relações de causa e efeito (ao mexer uma perna, toca um chocalho).
• • •
Desenvolver os sentidos de visão e de audição do bebê.
• • •
Praticar a sincronização óculo-manual dele.

O chocalho

Nestes primeiros meses de vida, o bebê começa a segurar objetos com as mãos, mesmo que por pouco tempo, já que os deixam cair logo em seguida.

- Colocamos um chocalho nas mãos do nosso pequenino para que ele tente pegá-lo.

- Como ele não consegue segurá-lo durante muito tempo, o chocalho cairá, e o barulho chamará sua atenção.

- Tornamos a lhe oferecer o objeto para que se divirta segurando-o por algum tempo; ele o deixará cair em seguida, e nós o devolveremos novamente ao bebê.

- Também podemos ajudá-lo a segurar o chocalho e lhe ensinar o barulho que o objeto faz quando o movimentamos em diferentes ritmos.

- Sempre lhe dizendo coisas de maneira carinhosa e alegre, nosso bebê dará risada e se divertirá conosco.

- Quando virmos que o bebê se cansou do jogo, devemos mudar de atividade.

Será possível...

Aumentar a coordenação óculo-manual do bebê.

•••

Estimulá-lo a descobrir os objetos e as texturas.

•••

Exercitar suas mãos e estimulá-lo a adquirir sentido de ritmo.

•••

Aumentar o controle psicomotor do bebê.

Variações

Como os bebês costumam levar tudo à boca, seria bom se o chocalho servisse também de mordedor. Neste caso, convém não deixá-lo cair no chão. Do mesmo modo, se a atividade for realizada com um molho de chaves, é necessário cuidar para que o pequenino não o coloque na boca.

(0-3 meses)

Cadê? Achou!

Será possível...

Aprimorar a percepção visual do bebê.

• • •

Estabelecer relações e vínculos afetivos entre o bebê e nós.

• • •

Estimulá-lo a localizar sons e pessoas.

• • •

Favorecer a capacidade de antecipação do bebê.

Os bebês adoram as brincadeiras de surpresas e de aparecer e desaparecer, desde que não sejam bruscas e não os assustem.

- Com o bebê deitado no berço, de barriga para cima, nos aproximamos dele e da beirada do berço, o saudamos ou o chamamos carinhosamente pelo nome.

- Quando ele já tiver percebido nossa presença, brincamos de "Cadê? Achou!".

- Para isso, de frente para ele, cobrimos o nosso rosto com as mãos ou com uma peça de roupa, perguntando: "Cadê?"

- Em seguida, abrimos as mãos de repente, tirando a roupa que cobre nosso rosto, e exclamamos: "Achou!"

- Podemos repetir a brincadeira direcionando a cabeça para um ou outro lado das mãos ou da roupa ou, ainda, variando nossa posição em relação ao bebê, que responderá com gritinhos de alegria e surpresa.

- Como sempre, a duração da brincadeira deve depender da vontade de brincar do pequenino.

Variações

Conforme o bebê for crescendo, podemos nos posicionar mais distante dele e até mesmo nos esconder atrás de móveis que estejam perto.

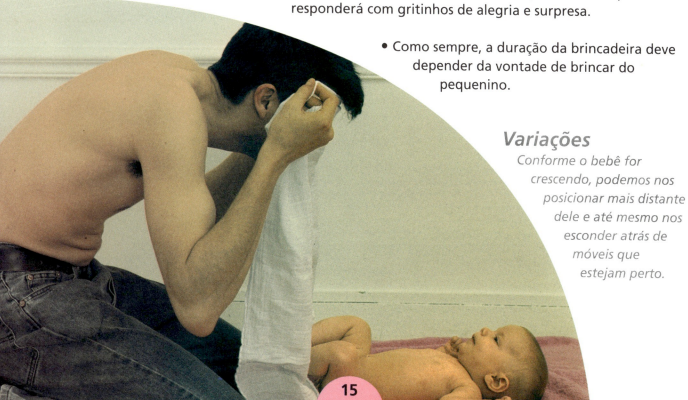

Palmas, palminhas

Com o bebê deitado no berço, de barriga para cima, ou estirado sobre nossas pernas, olhando para o nosso rosto, podemos realizar a seguinte brincadeira:

- Posicionamo-nos perto do bebê, o chamamos suavemente pelo seu nome e sorrimos para ele, para que perceba a nossa presença.

- Quando o bebê nos vir, com certeza sentirá que vamos brincar.

- Então, pegamos seus bracinhos e os mexemos para que bata palmas com as mãozinhas.

- Enquanto o ajudamos a bater palmas, cantamos, para ele, uma música com ritmo lento.

- Ao terminar a musiquinha, podemos lhe dar um beijo ou fazer cócegas em sua barriguinha.

> *Palmas, palminhas,*
> *eu vou bater;*
> *depois as mãozinhas*
> *para baixo esconder.*
> *Para cima, para baixo*
> *eu vou bater,*
> *depois as mãozinhas*
> *para baixo esconder.*

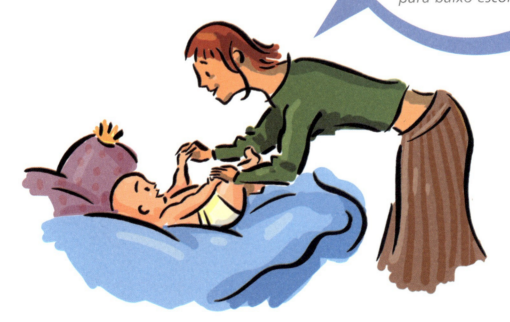

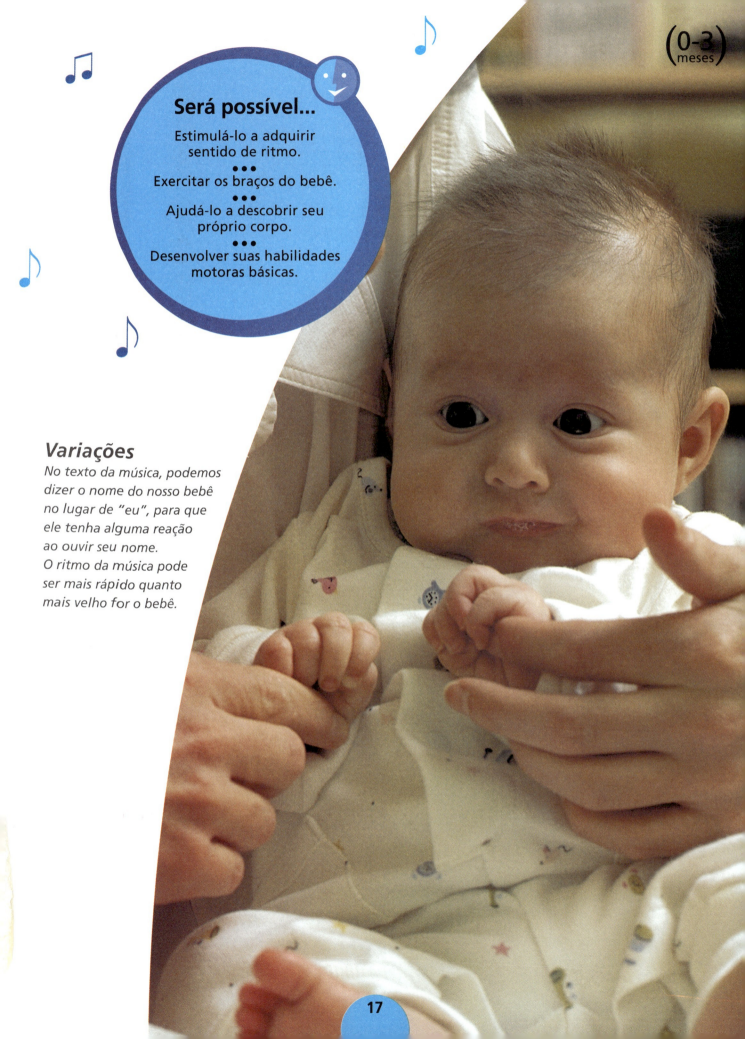

(0-3 meses)

Será possível...

Estimulá-lo a adquirir sentido de ritmo.

• • •

Exercitar os braços do bebê.

• • •

Ajudá-lo a descobrir seu próprio corpo.

• • •

Desenvolver suas habilidades motoras básicas.

Variações

*No texto da música, podemos dizer o nome do nosso bebê no lugar de "eu", para que ele tenha alguma reação ao ouvir seu nome.
O ritmo da música pode ser mais rápido quanto mais velho for o bebê.*

Cada um dos seus dedos

Aqui, a pombinha pôs um ovo, este ela olhou, este ela pegou, este ela salgou, este ela fritou, e este, mais gordinho, ela comeu inteirinho comeu, comeu, comeu, inteirinho...

Depois de ter trocado a fralda do bebê, podemos brincar com ele e exercitar suas extremidades.

- O bebê está no trocador, depois de ter sua fralda trocada, ou sobre um cobertor no chão, com os pés descalços e com vontade de brincar.

- Primeiro, acariciamos a planta dos seus pés, perto do calcanhar, com nossos dedos.

- A criança responderá rindo e estendendo os dedos dos pés.

- Depois, fazemos o mesmo perto dos dedos dos pés e observamos como ele os contrai.

- Podemos alternar cada movimento várias vezes.

- Por fim, pegamos os dedos de seu pé, começando pelo mindinho e terminando pelo polegar, e o movimentamos enquanto cantamos.

- Quando chegarmos ao verso final, fazemos com que o bebê veja que comemos seu dedão, o que lhe causará uma alegria intensa.

Será possível...

Treinar a motricidade fina dos pés dos bebês.

•••

Ajudá-lo na exploração sensorial de seu corpo.

•••

Estimular a aquisição progressiva de sua capacidade de concentração.

•••

Ensiná-lo a manifestar emoções.

Variações

A mesma brincadeira pode ser realizada com suas mãozinhas. Tanto se brincarmos com os pezinhos quanto com as mãozinhas, poderemos fazer pequenas massagens ou cócegas em ambos. Em vez de cantar, podemos contar de um a cinco para que o nosso bebê vá se familiarizando com os números e desenvolva, aos poucos, a noção de quantidade.

(0-3 meses)

Olha!

Preparamos algumas almofadas sobre o cobertor de brincar e alguns brinquedos pequenos de cores variadas e chamativas com texturas diferentes.

- Com a ajuda das almofadas, sentamos o bebê sobre o cobertor de brincar. Se as almofadas não forem suficientes, nós mesmos o ajudaremos a permanecer sentado enquanto durar a atividade.

- Vamos mostrando-lhe, um a um, os diferentes brinquedos, enquanto sorrimos e falamos com ele suave e carinhosamente.

- Em seguida, vamos colocando os brinquedos na mão e os seguramos para que não caiam e para que o bebê possa tocá-los.

- Se algum brinquedo fizer barulho ao se mexer, movemos a mãozinha do bebê para que perceba o que está acontecendo.

- Colocamos o brinquedo em uma mão diferente a cada vez, para que o bebê vá exercitando ambas as mãos.

- Nas primeiras vezes, realizaremos este exercício durante alguns minutos e, aos poucos, podemos aumentar o tempo, ajudando o bebê a permanecer sentado.

Será possível...
Ensinar o bebê a segurar os objetos com as duas mãozinhas.

•••

Desenvolver os sentidos da visão, da audição e do tato do pequenino.

•••

Propiciar-lhe o reconhecimento das distintas texturas e cores.

•••

Ajudar o bebê a controlar a postura.

Variações
Podemos providenciar que o bebê, quando acordar, tenha em seu berço e perto dele alguns brinquedos ou objetos, para que possa ficar olhando e tente pegá-los, a fim de brincar com eles.

Ti-qui-ti-qui-ti

Já ficou muito claro que o momento da troca de fralda do bebê é a hora ideal para brincar um pouco com ele.

- O bebê está deitado de barriga para cima, sobre uma toalha, no trocador.

- Podemos brincar com ele antes, durante ou depois da troca de fralda.

- Tocamos suavemente, com nossos dedos indicador e médio, diversas partes do corpinho dele.

- Sempre duas vezes no mesmo lugar, dizemos: "ti-qui-ti-qui-ti" e acrescentamos o nome da parte do corpo que tocamos.

- O bebê responderá rindo das cócegas que sentirá.

- Se repetirmos essas ações, o bebê começará a rir quando vir que estamos levantando esses dedos, porque já esperará pelas cócegas. A antecipação pode ser tão excitante como as próprias cócegas.

Será possível...

Ajudar o nosso bebê a descobrir seu próprio corpo.
•••
Estabelecer relações e vínculos afetivos entre o bebê e nós.
•••
Estimulá-lo a manifestar suas emoções.
•••
Iniciá-lo na antecipação de ações.

Variações

Podemos contar, em voz alta, até três antes de fazer cócegas nele, e o efeito será semelhante, conseguindo, assim, que o bebê comece a reagir antecipadamente a certas ações ou situações.

(0-3 meses)

À noite

Podemos pregar, acima do berço do nosso bebê, um móbile de formato atraente ou fazermos um, nós mesmos, com recortes de papel ou cartolina coloridos em diversos formatos (estrela, lua, pássaro ou outros objetos do dia a dia).

- Devemos posicionar o móbile de tal maneira que a luzinha noturna do quarto do bebê ou a luz que puder entrar por uma janela projete as sombras no teto ou na parede, de modo que o bebê possa vê-las de seu berço.

- De dia, podemos chamar sua atenção para os penduricalhos, suas cores e as sombras que projetam. Podemos soprá-los um pouco para que se mexam, assim, conseguiremos atrair o olhar do bebê.

- No meio da noite, se o bebê acordar, poderá se distrair vendo as sombras e relaxar até voltar a dormir.

- As cores chamativas e o movimento do móbile conseguem entreter o bebê muitas vezes por dia.

Será possível...

Estimular o relaxamento e o descanso do pequeno.

•••

Exercitar o movimento da cabeça e do pescoço do bebê.

•••

Ajudá-lo a localizar e identificar formas.

•••

Desenvolver as capacidades visuais do bebê.

Variações

Se estiver um tempo bom e deixarmos a janela do quarto aberta, o vento fará com que as figuras e suas respectivas sombras se movam. Também podemos trocar os móbiles e explicar ao bebê o que é cada figura que ele vê. Alguns penduricalhos que façam barulhos suaves também podem ajudar no descanso do bebê, assim como estimular sua atenção, já que, nestes três primeiros meses de vida, eles adoram barulhinhos.

A bola gigante

Necessitamos de uma bola de plástico, de uns 75 centímetros de diâmetro, que podemos encontrar em alguma loja de brinquedos, de esporte ou em grandes lojas de variedades.

• Colocamos a bola de plástico no chão, se possível sobre o carpete ou o tapete.

• Posicionamo-nos em frente à bola de plástico e colocamos o bebê em cima dela, de modo que apoie a barriguinha nela. Devemos segurá-lo bem com as mãos, já que o pequenino ainda não consegue se manter nem em pé nem sentado.

• Fazemos com que a bola de plástico rode suavemente, com o bebê apoiado nela, com cuidado, para que ele não escorregue. É preciso levar em conta que o bebê ainda não sustenta sua cabeça com firmeza; por isso, devemos segurá-la.

• Podemos mover a bola de plástico para frente, para trás, para um lado ou para o outro.

• E, a todo o momento, devemos explicar o que estamos fazendo ao nosso pequenino, para que, mesmo que ele não nos entenda, vá se familiarizando com os sons e com a nossa voz.

• Quando percebermos que o bebê está cansado, mudamos de atividade.

Será possível...

Iniciá-lo na aquisição da noção de lateralidade.

•••

Favorecer o relaxamento do bebê; movimentos que o ajudam a dormir.

•••

Aumentar o controle motor e o sentido de equilíbrio do bebê.

•••

Explorar as capacidades motoras do bebê.

Variações

Uma grande bola de plástico pode ser objeto de muitas brincadeiras para todas as idades. Outra possibilidade é segurar o bebê pelas mãos e fazer com que fique em pé sobre a bola ou que, deitado, chute-a com os pés ou tente pegá-la com as mãos.

De 3 a 6 meses

O bebê, dos 3 aos 6 meses:
- sorri quando um conhecido olha para ele;
- ri, grita e baba muito;
- olha diretamente em nossos olhos;
- estende a mãozinha aberta para pegar um objeto ao seu alcance;
- adora massagens;
- responde com risos ao estímulo da brincadeira;
- brinca com os pés e as mãos;
- coloca todo tipo de objeto na boca, chupa-os e morde-os;
- gosta que o carreguem nas costas de lá para cá;
- diverte-se com as saídas de casa e observa com grande curiosidade o ambiente ao seu redor;
- reconhece seus familiares mais próximos;
- consegue se sustentar sentado com algum apoio;
- já é capaz de sustentar a cabeça e mantê-la levantada;
- vira-se sozinho e levanta seu corpo com suas mãozinhas;
- consegue reconhecer o próprio nome;
- consegue ficar de pé se alguém o segurar; e
- atende às palavras a que lhe dirigimos e responde com sons ininteligíveis.

O avião

Se o pequenino estiver bem acordado e animado, podemos brincar com ele de descobrir o ambiente ao seu redor.

- Seguramos o bebê de barriga para baixo com nossos braços.

- Contamos até três e, então, o levantamos devagar, sem fazer movimentos bruscos, até posicioná-lo por cima de nossa cabeça.

- Então, vamos girando sobre nós mesmos e andando por todo o quarto ou pelo espaço em que nos encontramos.

- Enquanto durar a "viagem", vamos imitando o barulho do motor de um avião e anunciando ao bebê com alegria as coisas que vemos pelo trajeto, cumprimentamos se encontrarmos alguém e assim por diante.

- Nem sempre "voaremos" na mesma altura e velocidade, iremos variando segundo a reação do bebê.

- Se observarmos algum sintoma de cansaço, "aterrissamos" e mudamos de atividade.

Será possível...
Aumentar o sentido de equilíbrio do bebê.
•••
Estimulá-lo a tomar consciência do próprio corpo.
•••
Fazer com que ele comece a localizar e a identificar os objetos do ambiente ao seu redor.
•••
Melhorar a percepção visual do bebê.

Variações
Podem participar os dois (pai e mãe) juntos ou um de cada vez. A "aterrissagem" pode ser no berço ou sobre uma superfície macia.

(3-6 meses)

A gangorra

> Bim, bão, bim, bão, faz o sino no salão, bim, bão.

Nem todas as brincadeiras excitam o bebê como a anterior; também é importante que algumas delas o ajudem a relaxar e a descansar.

- Sentamo-nos no chão com as pernas fechadas e esticadas.

- Deitamos o bebê de barriga para cima sobre as nossas coxas, de modo que as pernas do bebê fiquem sobre o nosso estômago e sua cabecinha se apoie, mais ou menos, sobre os nossos joelhos.

- Então, suspendemos o bebê pelas mãos. Agora, bem devagar, reclinamos as costas até o chão, enquanto levantamos as pernas, fazendo com que o bebê fique de pé em nossa barriga.

- Depois, repetimos no sentido contrário para voltar à posição inicial.

- Podemos fazer esse movimento de gangorra várias vezes, enquanto falamos coisas carinhosas.

Variações
Enquanto durar a brincadeira, pode-se ir cantando suavemente uma música.

Será possível...
Fazer com que o bebê comece a controlar sua postura e a manter o equilíbrio.
•••
Favorecer o relaxamento do bebê e estimular seu prazer sensorial.
•••
Ensiná-lo a adquirir segurança na realização de atividades em diferentes planos.

Arre, cavalinho!

Todas as brincadeiras que impliquem movimento são um bom entretenimento e exercício para bebês nesta idade. Para isso, é necessário que o nosso bebê já seja capaz de se manter sentado.

- Sentamo-nos em uma cadeira, com as pernas um pouco abertas.

- Nosso bebê ficará sentado em cima de uma de nossas pernas, virado para nós, com suas perninhas abertas e encostadas cada uma de um lado da perna que escolhemos.

- Seguramos o bebê pelas mãozinhas ou por baixo de seus braços.

- Movimentamos nossa perna para cima e para baixo, fazendo o pequenino pular, sem brusquidão, enquanto batemos palmas com as mãozinhas do bebê e variamos o ritmo do movimento ao som de uma musiquinha.

- Se nos cansarmos, poderemos trocar o bebê de perna ou nos alternarmos, pai e mãe, na brincadeira.

- Decerto o nosso pequeno vai adorar o "galope" e não demorará a demonstrar sua alegria com sorrisos e gritos de algazarra.

> Arre, cavalinho, arre, cavalo, arre, arre, cavalinho, senão chegaremos tarde. Arre, cavalinho, vamos a Belém, que amanhã é a festa e depois também.

Variações
Apesar de ser mais conveniente começar com o bebê sentado com o rosto virado para nós, depois podemos sentá-lo de costas, para que ele possa ver o ambiente ao seu redor enquanto vai galopando. Isto é bastante adequado quando o pai e a mãe brincam, um de cada vez.

(3-6 meses)

Será possível...

Ajudar o bebê a controlar sua postura.

•••

Aumentar o controle motor e o sentido de equilíbrio do bebê.

•••

Fazer com que comece a intuir o sentido de ritmo e a sua relação com o movimento.

•••

Estimular a sensibilidade musical.

Com as mãozinhas

Agora que o bebê já é capaz de se manter sentado e pegar coisas com as mãos, podemos aproveitar também a hora de comer para que ele aprenda brincando.

- Chegou a hora de comer, e o bebê está sentado, no nosso colo ou na cadeirinha.

- Mostramos a ele a colherzinha com a qual vai comer e deixamos que a pegue e a leve até a boquinha.

- Se ele não tomar essa decisão por si próprio, podemos fazê-lo para que ele nos veja.

- E, quando nos vir, em seguida, se animará a nos imitar.

- Depois de o deixarmos brincar um pouco, convém o ajudarmos a comer, para que não se suje demais.

- Também podemos ensiná-lo a passar a colher de uma mão para a outra, dar-lhe coisinhas e fazer com que as coloque na palma da nossa mão, etc.

Será possível...

Exercitar a capacidade do bebê de segurar objetos com as mãos.

• • •

Desenvolver a habilidade do bebê de manipular objetos.

• • •

Estabelecer relações e vínculos afetivos entre o bebê e nós.

• • •

Estimular a coordenação dinâmica geral do bebê.

Variações

Esta brincadeira de pegar e soltar permite muitas variações, que podemos introduzir pouco a pouco. Podem ser trabalhados conceitos como "colocar dentro de...", "tirar de...", etc., para ir "dificultando" um pouco a atividade com o passar dos dias.

O elevador

(3-6 meses)

Se, quando estivermos com o bebê nos braços, ele estiver com vontade de brincar...

- Pegamos o bebê por baixo de suas axilas e o seguramos na altura do nosso rosto, enquanto falamos carinhosamente com ele e anunciamos que vamos brincar de elevador.

- Alternadamente, vamos dizendo: "O elevador sooooobe", e o levantamos acima da nossa cabeça.

- Depois, acrescentamos: "O elevador deeeeesce", e o fazemos descer até os nossos joelhos.

- Repetimos a ação várias vezes.

- E, para concluir, dizemos: "O elevador parou. Aaaaaaah!", e esfregamos o nosso nariz na barriguinha do bebê, fazendo-lhe cócegas.

Variações

À medida que brincamos com o pequenino, podemos ir falando "para cima" e "para baixo", para finalizar dizendo "no meeeeeio!", dando beijos no bebê. Assim, ele se familiarizará com estes conceitos espaciais.

Será possível...

Estimular a capacidade sensorial do bebê.

•••

Ajudá-lo a adquirir consciência corporal.

•••

Estimular a percepção espacial e a localização espaço-temporal em relação às pessoas e aos objetos que o rodeiam.

Está mexendo

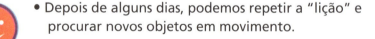

Vamos aproveitar que o bebê está acordado para olhar as coisas em movimento, atividade que ele vai adorar.

- Pegamos o bebê nos braços e damos uma volta pela casa à procura de objetos em movimento.

- Um lugar de observação privilegiado pode ser uma janela que dê para a rua.

- Dali, podemos observar o tráfego de pessoas, cachorros, carros, etc.

- A todo o momento, vamos explicando ao bebê o que é que ele está vendo, que barulho que cada coisa faz, etc.

- Ele demonstrará uma grande alegria conforme for adquirindo esses conhecimentos.

- Se o bebê ficou cansado e já não atende mais, devemos mudar de atividade.

- Depois de alguns dias, podemos repetir a "lição" e procurar novos objetos em movimento.

Será possível...

Potencializar a exploração visual do nosso bebê.

•••

Ajudá-lo a localizar e a identificar objetos e pessoas.

•••

Iniciá-lo na percepção das distâncias (perto–longe).

•••

Aprimorar a sensibilidade auditiva do bebê.

Variações

Também podemos realizar esta brincadeira com os brinquedos que temos em casa ou, se tivermos a oportunidade de levar o bebê a lugares onde haja bastante atividade ou diversidade de sons, a brincadeira pode ficar ainda mais interessante. Qualquer lugar ao ar livre (jardim, parque, rua, etc.) pode ser adequado.

(3-6 meses)

Espelhinho mágico

Os espelhos atraem muito a atenção dos pequeninos. Se tivermos um grande em casa, podemos fazer esta brincadeira.

- Colocamo-nos diante do espelho com o bebê nos braços, de modo que ele possa se olhar no espelho comodamente.

- Agora, chamamos a sua atenção para o que se vê no espelho, dizendo a ele algumas palavras carinhosas.

- Quando conseguirmos que fique atento, seguramos a sua mãozinha, a levantamos e o cumprimentamos, dizendo: "O bebê está cumprimentando com a mão".

- Podemos continuar brincando dessa maneira, realizando movimentos diferentes e mudando de posição, fazendo gestos ou mexendo diversas partes do corpo ou objetos.

- Devemos observar como o nosso bebê reage e continuar brincando, até notarmos que ele ficou cansado.

Será possível...
Fazer com que perceba os movimentos próprios de cada parte do corpo.
•••
Ajudá-lo a descobrir o próprio corpo.
•••
Iniciá-lo no reconhecimento da própria imagem.
•••
Desenvolver a lateralidade no bebê.

Variações
Podem brincar o pai e a mãe de cada vez, cumprimentando todos pelo nome, mas sem complicar muito a brincadeira, para que o pequenino não se distraia.

O balanço

Nosso bebê está prestes a fazer seis meses de idade. Um dia em que estivermos em um parque infantil, onde houver balanços, podemos aproveitar para brincar com o nosso pequenino.

- Um dos dois (o pai ou a mãe) senta no balanço, pegando o bebê pelos braços e procurando deixá-lo seguro o tempo todo.

- O outro empurra suavemente para que se inicie o movimento do balanço.

- Enquanto balançam, pode-se cantar com doçura:

*Dim, dom,
dim, dom
toca o sino de São João.
Dim, dom,
dim, dom
os sinos vêm e vão.*

- A velocidade do balanço pode variar, porém, convém que as mudanças não sejam bruscas, para não assustarem o bebê.

- Desse modo, podemos intercalar os papéis, enquanto seguramos o bebê de maneiras diferentes (sentado em cima de nossas pernas e olhando para nós, olhando frente, etc.).

(3-6) meses

Será possível...

Potencializar o desenvolvimento do sentido de equilíbrio do bebê.

• • •

Estimular a percepção espacial, a localização espaço–temporal em relação às pessoas e aos objetos que o rodeiam.

• • •

Fazê-lo superar o medo diante de uma situação nova.

Variações

Podemos ensinar-lhe tudo o que está ao nosso redor e ir nomeando os elementos que compõem o ambiente. Também podemos fazer com que o pequenino perceba os barulhos e os sons que ouvimos.

Ondinhas

O banho também deve ser um momento agradável e de diversão para o nosso bebê. Podemos brincar com ele, mas devemos segurá-lo o tempo todo.

- Enchemos a banheira com água até cobrir as perninhas do bebê. Essa água deve estar numa temperatura ideal, de acordo com a época do ano em que estivermos.

- Pegamos as mãozinhas do bebê e lhe ensinamos como é que se bate na água para formar ondinhas. Ele irá adorar.

- Se acompanharmos suas batidas com gritos de alegria, certamente ele irá gritar também conosco e sorrir.

- Devemos estar preparados para receber respingos e para ter que secar a água que cair de dentro da banheira. E, sobretudo, não devemos nunca deixar o bebê sozinho na água.

Será possível...
Desenvolver a habilidade e a coordenação motora.
•••
Iniciá-lo no reconhecimento das relações de causa e efeito (ao bater na água e ela respingar).
•••
Mostrar-lhe um elemento sempre presente no seu ambiente e tão próximo dele como a água.
•••
Permitir a liberação de energia.

Chip, chap, chip, chap, todo mundo na água; chip, chap, chip, chap, todo mundo nadando.

Variações
Podemos deixar, ao alcance do bebê, brinquedos de plástico flutuando sobre a banheira para que ele se anime a brincar com eles. Enquanto brincamos, podemos cantar.

(3-6 meses)

Meu e seu

Com o bebê sentado no nosso colo, olhando nos nossos olhos, podemos nos divertir com esta brincadeira interativa.

- Primeiro, perguntamos por uma parte do corpo do bebê, por exemplo: "Onde está o nariz do meu pequenino?".

- Em seguida, tocamos o seu nariz com a nossa mão e exclamamos: "Está aqui!".

- E, rapidamente, acrescentamos: "E onde está o nariz da mamãe/do papai?".

- Então, pegamos sua mãozinha e fazemos com que toque o nosso nariz, fazendo também alguma exclamação de alegria.

- E, assim, vamos brincando de modo interativo, nomeando as diversas partes do corpo para tocá-las em seguida.

Variações

Nas primeiras vezes, é recomendável que brinque apenas um dos pais com o bebê, mas, depois de algum tempo, e quando o pequenino já tiver um pouco de prática, podem jogar o pai e a mãe de uma vez só com ele. Quando estiver um pouco maiorzinho, podemos repetir o jogo, pois continuará servindo para fazê-lo conhecer melhor seu corpo.

Será possível...

Fazê-lo explorar o próprio corpo, para descobrir todas as partes e seus nomes.

•••

Estimular a exploração sensorial do bebê.

•••

Estabelecer relações e vínculos afetivos entre o bebê e nós.

•••

Exercitar suas capacidades motoras simples.

O pequeno malabarista

Nesta atividade, precisaremos de uma bola pequena de plástico, de cores bem chamativas.

- Deitamos o bebê no berço ou sobre uma superfície lisa.

- Mostramos a ele a bolinha para que observe as cores.

- Levantamos suas pernas e colocamos a bolinha sobre seus pés.

- Tratamos de ajudá-lo a mantê-la sobre seus pés, mesmo que ele dê chutes.

- Quando a bolinha cair, devemos mostrar alegria com alguma frase e voltar a repetir a operação várias vezes.

- Enquanto seguramos a bolinha sobre seus pés, podemos ensiná-lo a chutá-la, fazer com que ele a gire, etc.

Será possível...

Exercitar a motricidade das extremidades do nosso bebê.

•••

Estimular a coordenação da percepção ocular e a dinâmica geral do bebê.

•••

Fazê-lo perceber a solidez e a permanência dos objetos.

•••

Iniciá-lo na percepção das distâncias (perto–longe).

Variações

Com o bebê deitado com as pernas esticadas, podemos deixar a bolinha perto dos seus pés. Se ele já deu chutes nela alguma vez, ele irá adorar tentar fazê-lo de novo. Quando a bolinha distanciar-se dele, devemos aproximá-la de novo. Também podemos deixá-la nas suas mãozinhas.

Luzinhas

(3-6 meses)

Será possível...
Fazê-lo praticar a exploração visual de imagens.
•••
Propiciar ao bebê a superação do medo diante de uma situação nova.
•••
Potencializar a visualização e a identificação das diferentes cores.
•••
Exercitar o movimento da cabeça e do pescoço do bebê.

Para este exercício, precisamos de uma pequena lanterna, papel celofane de cores vistosas e fita crepe.

- Tampamos o foco da lanterna com o papel celofane, que colamos com a fita crepe.

- Deixamos o quarto do bebê com pouca luz e nos sentamos ao lado dele.

- Acendemos a lanterna e chamamos sua atenção para a luz que podemos projetar no teto ou na parede, mas sempre bem à vista do nosso bebê.

- Quando tivermos certeza de que ele está vendo a luz colorida, vamos mexendo aos poucos a lanterna para que o pequenino siga seu movimento com o olhar.

- Enquanto durar a brincadeira, podemos contar ao bebê alguma história inventada sobre o que é essa luz que se vê, ir nomeando os objetos que vamos iluminando ou colocar uma música suave de fundo.

- Numa outra ocasião, podemos usar um papel celofane de outra cor para que o pequenino vá se familiarizando com as diferentes cores.

Variações

Se quisermos, podemos recortar uma pequena figurinha de cartolina e colá-la no celofane para projetar a forma na parede. Deste modo, podemos deixar preparadas também diversas figuras de cartolina para tornar a brincadeira mais variada e educativa.

Natação

Vamos aproveitar o momento do banho para que o nosso bebê vá perdendo o medo da água.

- Preparamos a banheira com um palmo de água, procurando manter a temperatura adequada o tempo inteiro.

- Colocamos nosso bebê dentro da banheira, devagarzinho, o sentamos e deixamos que ele se debata um pouco para que se acostume com a água, antes de começar a atividade.

- Retiramos o bebê da água com as duas mãos debaixo das suas costas, esticado de cabeça para cima.

- Enquanto durar esse procedimento, podemos fazer o barulho de um barco, ou deixar algum brinquedo flutuando na banheira para que o pequenino tente pegar.

- Sempre devemos ter cuidado para que não entre água nos olhos, nos ouvidos ou na boca do bebê. E, sobretudo, não devemos deixá-lo sozinho na água em momento algum.

Será possível...
Familiarizar o pequenino com o meio aquático.

•••

Fazê-lo superar o medo diante de uma situação nova.

•••

Potencializar a aquisição de confiança em si mesmo.

•••

Desenvolver as habilidades psicomotoras do bebê.

Variações
Também podemos brincar balançando o bebê com doçura dentro da água, enquanto cantarolamos alguma musiquinha.

De 6 a 9 meses

O bebê, dos 6 aos 9 meses:

- balbucia muito;
- sabe virar-se para trás;
- coloca os dedos dos pés na boca e brinca com eles;
- mantém-se firme e se senta sozinho;
- aprende a usar os dedos;
- solta e deixa cair os objetos por vontade própria;
- joga os brinquedos no chão e faz experimentações com eles;
- rasga papéis com ambas as mãos;
- pode fazer um sino tocar;
- estica os braços se fizermos gesto de que vamos pegá-lo;
- olha e "estuda" por muito tempo algo que lhe possa interessar;
- recusa o alimento se não o agradar;
- emite sons cada vez mais articulados;
- discrimina formas simples; e
- pode começar a engatinhar.

Brincar com caixas de papelão

Preparamos caixas de diferentes tamanhos com suas respectivas tampas (melhor até se forem de diferentes texturas ou cores).

- Sentamos o bebê no chão da sala ou do quarto.

- Colocamos, no chão, ao seu alcance, as caixas e, ao lado, as tampas. As caixas, por serem de cores diferentes, chamarão a atenção do pequenino.

- Fazemos uma demonstração para ele de como se tampam as caixas. Damos um "Viva!", quando coincidirem as tampas com as caixas, e dizemos "Nããão!", quando forem de tamanhos diferentes.

- Agora, deixamos que ele tente tampar e destampar sozinho.

- Quando já tiver conseguido, podemos bagunçar tudo outra vez e entregar, uma a uma, as tampas para o bebê, para que ele as vá colocando sobre a caixa correspondente.

Será possível...

Favorecer a coordenação da percepção ocular do bebê.

•••

Propiciar-lhe a identificação e a individualização de objetos diferentes.

•••

Desenvolver a capacidade de classificação do bebê.

•••

Estimular a sua sensibilidade tátil e visual.

Variações

Em vez de fazer uma demonstração ao nosso bebê de como proceder, o pai ou a mãe poderá brincar com as caixas e suas tampas e, logo em seguida, o pequenino irá querer entrar na brincadeira. Antes de finalizar a atividade, podemos simular uma pequena orquestra com as tampas.

(6-9 meses)

Pulando obstáculos!

Nós mesmos nos fazemos de obstáculos físicos para que nosso bebê aprenda a vencê-los.

- Os pais sentam no chão com as pernas esticadas, um ao lado do outro. O bebê também estará sentado no chão, perto de um dos dois.

- Deixamos um brinquedo do outro lado e estimulamos o bebê para que vá buscá-lo, passando por cima de nossas pernas.

- Também podemos nos posicionar de outras maneiras (um deitado de barriga para cima e o outro sentado com as pernas dobradas em forma de túnel, por exemplo) para que o bebê procure opções para nos saltar engatinhando.

- Se for necessário, nas primeiras vezes, o ajudaremos a subir e a descer. E, muito importante: devemos sempre parabenizar o bebê pelos seus esforços e demonstrar grande alegria quando ele conseguir alcançar um brinquedo.

Será possível...

Exercitar e fortalecer os braços e as pernas do pequenino.

•••

Estimular a coordenação de movimentos de deslocamento do bebê.

•••

Desenvolver a sua agilidade e o seu sentido de equilíbrio.

•••

Potencializar o controle de sua motricidade.

Variações

Podemos fazer múltiplas variações na maneira em que nos posicionamos, para que o nosso bebê engatinhe para alcançar o brinquedo.

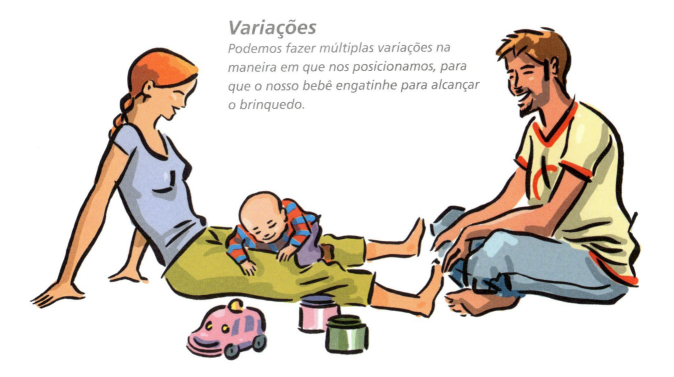

A marionete

Com uma marionete de qualquer personagem, podemos entreter o bebê por um bom tempo. Podemos comprá-la em alguma loja de brinquedos ou fazê-la com uma luva ou meia, alguns botões, etc.

- Com o bebê sentado no chão ou no colo do pai ou da mãe, um dos dois se aproxima dele, escondendo, nas costas, a mão que segura a marionete.

- Quando chegar perto do bebê, mostrar a marionete e fazer com que ela cumprimente o bebê, procurando mudar o tom de voz.

- Podemos esconder a marionete outra vez e tornar a mostrá-la para que o bebê a toque.

- Depois, podemos preparar duas marionetes. Colocamos uma em cada mão e encenamos alguma pequena história para o nosso pequeno.

- Se prepararmos marionetes de pessoas e animais, as possibilidades de realizar esta atividade serão bem maiores.

Será possível...

Estimular a capacidade de antecipação do bebê.

•••

Exercitar o movimento da cabeça e do pescoço do pequeno.

•••

Potencializar a sua percepção visual de objetos.

•••

Aprimorar a sua capacidade de localizar e observar os objetos.

Variações

Se sempre escondermos e tirarmos a marionete do mesmo lugar e do mesmo modo, o pequenino logo aprenderá a antecipar essa situação. Quando o bebê for um pouco maior, poderá brincar com a marionete colocando-a em sua mãozinha.

(6-9 meses)

Minha música

Temos que ter alguma música gravada sempre à mão, porque é muito interessante colocar músicas de ritmos diferentes e que não sejam muito difíceis de acompanhar para o bebê escutar. Existem gravações de canções infantis que são bastante úteis para essa faixa etária.

- Pegamos o bebê nos braços e colocamos a música. Dançamos com ele por toda a casa ao som da música.
- Depois, sentamos no chão com ele. Com a música tocando, mostramos-lhe como se mover seguindo o ritmo.
- Enquanto vamos cantando a música, podemos pedir-lhe que bata palmas, levante os braços e os mova de um lado para o outro, bata os pés no chão e por aí vai.
- Quando o bebê já estiver um pouco familiarizado com estes movimentos, o pai e a mãe podem praticar este exercício diante dele e fazer com que ele se junte a eles e os imite.

Será possível...
Viver experiências motoras múltiplas e inexploradas no bebê.

•••

Fazer com que o pequeno comece a intuir o sentido de ritmo e sua relação com o movimento.

•••

Estimular a sua habilidade para observar e imitar posturas e movimentos.

•••

Potencializar a coordenação motora do bebê.

Variações
De acordo com o tipo de música que colocarmos, podemos conseguir estimular o bebê a ficar ativo ou a relaxar. Assim, se chegar a hora de ir dormir, podemos dar continuidade a essa mesma brincadeira, mas com uma música relaxante, para facilitar seu descanso.

Banho divertido

O banheiro e especialmente a hora do bebê tomar banho é o local e a ocasião ideal para realizarmos múltiplas e divertidas brincadeiras. Com uma simples esponja e um pequeno recipiente, podemos vivenciar bons momentos.

- Vamos dar banho em nosso filho.

- Enquanto o banhamos, damos-lhe uma esponja e deixamos um recipiente vazio perto dele.

- Molhamos a esponja com água e ensinamos o bebê a torcê-la, colocando-a nas mãozinhas dele e apertando-a suavemente para que a água caia.

- Entregamos a esponja ao bebê para que se distraia com ela. Certamente, ele se entusiasmará em ver como a água cai e vai jogá-la para cima.

- Quando o bebê conseguir torcer a esponja sem problemas, o convidamos para fazer com que a água caia no recipiente vazio que havíamos preparado.

- Demonstramos entusiasmo quando ele torcer a esponja.

Será possível...
Ajudá-lo a conhecer o meio aquático.
•••
Desenvolver os hábitos de higiene no pequenino.
•••
Potencializar a coordenação da percepção ocular do bebê.
•••
Aumentar sua habilidade para manipular objetos.

Variações
Quando o recipiente já estiver cheio de água, podemos ensinar o pequenino a esvaziá-lo na banheira para poder tornar a enchê-lo.

(6-9 meses)

As fotos

Será possível...
Exercitar a percepção visual do bebê.

•••

Desenvolver nele a capacidade de reconhecimento da imagem do outro.

•••

Estabelecer relações e vínculos afetivos entre o bebê e nós.

•••

Estimular a exploração sensorial.

Procuramos fotografias grandes e coloridas de animais, carros, trens, aviões, etc. Também podemos fazer algumas ampliações de fotos de lugares onde o bebê esteve recentemente ou utilizar um álbum de fotos da família.

- Com as fotos, montamos um pequeno álbum, se possível com uma capa em cores chamativas (encapada com um papel autoaderente) e de folhas duras e resistentes.

- É uma ocasião ideal para compartilharmos nosso tempo com o pequenino.

- Mesmo que ele não esteja compreendendo tudo, quando vir o álbum de fotos sentirá uma grande curiosidade para saber quem é que está na foto.

- Com o álbum em mãos, vamos virando as páginas e dizendo o que aparece em cada foto, que barulho faz, onde o bebê já viu a imagem, para o que serve, etc.

Variações
Se aparecerem fotos de parentes no álbum, o bebê se divertirá aprendendo a reconhecer os rostos das pessoas (podemos mostrar fotos dele próprio, quando estiver um pouco maior).

O túnel

Se tivermos uma caixa grande de papelão e retirarmos o fundo, podemos usá-la para brincar com o nosso bebê.

- Colocamos a caixa virada de lado no chão, sem o fundo e a tampa, de modo que forme uma espécie de túnel. A caixa deve ser grande o suficiente para que o bebê possa passar por dentro dela.

- Sentamos o pequenino no chão, posicionado em um dos lados da caixa e colocamos o brinquedo do outro lado, de maneira que ele possa vê-lo através da caixa.

- Convidamos o bebê para ir pegar o brinquedo, passando através da caixa, ou o chamamos para que venha até nós.

- Não devemos deixar o pequenino dentro da caixa por muito tempo, pois ele poderá se assustar. Se for necessário, estenderemos a mão para ajudá-lo a passar nas primeiras vezes.

- Também temos que lhe ensinar a não se levantar dentro da caixa e a manter a cabeça abaixada até que tenha superado totalmente o obstáculo.

Será possível...

Potencializar a sua capacidade para adquirir confiança em si mesmo e nos outros.

•••

Ajudá-lo a superar o medo diante de uma situação nova.

•••

Fazer com que consiga controlar melhor a sua coordenação e lateralidade.

•••

Exercitar os músculos dorsais do bebê.

Variações

A atividade pode ficar ainda mais atraente se decorarmos a caixa com papel celofane de cores que chamem a atenção do bebê. Se não tivermos caixas, podemos brincar com uma cadeira, sobre a qual colocaremos um pano que cubra dois lados paralelos, de modo que se forme um túnel entre as pernas da cadeira.

(6-9) meses

Subir a montanha

Algumas almofadas grandes, peças de roupa, alguns cobertores ou edredons podem servir para a criação de uma montanha "íngreme" no quarto, que permitirá que o nosso bebê inicie uma "escalada".

- No meio do quarto, formamos uma "área montanhosa" com um monte de almofadas, cobertores e roupas amontoadas. Os obstáculos devem ser facilmente escaláveis pelo bebê e devemos procurar um piso cuja superfície não seja escorregadia, para que as almofadas não saiam do lugar quando o bebê for subi-las.

- Convidamos o bebê para subir, fazendo gestos como se também pudéssemos subir, mostrando que estamos animados.

- Com estes estímulos, o bebê subirá contente.

- Devemos estar sempre bem perto dele para ajudá-lo se for necessário.

- Quando ele já estiver se movimentando com desenvoltura, poderemos fazer uma ladeira levemente inclinada com uma tábua e uma alça, para que ele suba e desça por ela. É preciso ter muito cuidado para que ele não caia.

Será possível...

Desenvolver as habilidades motoras e de coordenação.

•••

Aumentar seu dinamismo e sua segurança no que se refere às coordenações gerais.

•••

Trabalhar a coordenação dinâmica geral do bebê.

•••

Exercitar sua força orgânica e muscular.

Variações

Podemos criar uma área "montanhosa" para brincarmos juntos de perseguição, de nos esconder debaixo das almofadas, etc. Certamente, o pequenino irá adorar se engatinharmos ao seu lado.

O mundo do papel

O papel oferece muitas possibilidades de entretenimento às crianças de qualquer idade. Para esta atividade, devemos preparar diferentes tipos de papel de cores variadas.

- Entregamos uma folha de papel ao bebê para ver o que ele vai fazer com ela.

- Se não fizer nada, pegamos uma nós mesmos e a amassamos com a mão. Quanto maior for o barulho que fizermos, melhor.

- Assim, ensinamos ao pequenino a amassar a folha.

- Depois, certamente, ele a jogará no chão.

- Então, podemos usar o papel amassado para brincar de bolinha.

- Se o bebê estiver sentado sobre nossas pernas e tivermos uma caixa perto dos nossos pés, poderemos brincar de encestar a bola improvisada.

- Para cada cesta que fizermos, daremos gritos de alegria e, quando não acertarmos, diremos: "Aaaaaah!".

Será possível...
Ajudá-lo a descobrir novas texturas.
•••
Estimular a motricidade de suas extremidades superiores.
•••
Aumentar sua habilidade para manipular objetos.
•••
Favorecer a coordenação da percepção ocular do bebê.

Variações
Pode-se brincar com o papel de jornal, papel higiênico, de alumínio, de revistas, de cartolina, celofane, etc., atentando para que as cores e texturas sejam variadas. Acima de tudo, devemos sempre evitar que o pequenino leve o papel à boca.

No ar

(6-9 meses)

Se existe algo que os bebês adoram e não se cansam de fazer é deixar caírem coisas no chão. Por isso, podemos preparar vários objetos leves, como: plumas, folhas de papel, pedaços de pano, etc., para que o nosso pequenino observe como eles caem.

- Sentamos o bebê no nosso colo ou na sua cadeirinha.

- Vamos entregando-lhe os objetos que preparamos para que ele os pegue.

- Em breve, o bebê os deixará cair no chão.

- Rapidamente, entramos na brincadeira com alegria e chamamos sua atenção para como as coisas caem ou pairam no chão.

- Depois, enquanto um de nós deixa cair uma pluma, por exemplo, o outro tenta pegá-la quando passar perto de suas mãos.

- Agora, convidamos o bebê a entrar na brincadeira e tentar pegar os objetos durante a queda, no ar.

- Devemos demonstrar sempre a nossa alegria, tanto se o bebê conseguir pegar os objetos quanto se os deixar cair no chão.

Variações

Quando o bebê tiver um pouco de prática, podemos ensinar-lhe a soprar para desviar um pouco o trajeto da pluma (ou outro objeto) e dificultar sua captura.

Será possível...

Estimular a capacidade de pegar e recolher coisas do bebê.

•••

Favorecer sua capacidade para coordenar a percepção ocular e visual dos objetos.

•••

Potencializar a individualização e o reconhecimento de diferentes objetos do bebê.

O escorregador

Quando o nosso bebê estiver prestes a completar nove meses, certamente ele vai adorar se movimentar e começar a se deslocar com ou sem ajuda.

- Sentamo-nos em uma cadeira com as pernas fechadas e bem esticadas, como se fossem um escorregador.

- Sentamos o bebê sobre nossa calça, de costas para nós, e o pegamos pelas axilas.

- Depois de lhe anunciar com entusiasmo que vamos iniciar uma viagem maravilhosa, deslizamos o bebê suavemente por nossas pernas.

- Mais adiante, invertemos a direção e retornamos à posição inicial.

- Enquanto durar a brincadeira, podemos cantar alguma musiquinha que acompanhe os movimentos de subir e descer que estamos realizando.

Será possível...

Estimular a percepção espacial do bebê.

•••

Potencializar a sua capacidade para apreciar diversas velocidades de movimento.

•••

Ensinar o bebê a descobrir tanto as próprias capacidades motoras quanto as suas limitações.

•••

Favorecer a multiplicidade de situações.

Variações

A presença do pai e da mãe durante a brincadeira, um fazendo o escorregador e o outro, sentado ao lado, animando o pequenino, garantirá que ele não se assuste ao subir e descer pelas pernas. Em outra oportunidade, podemos experimentar descer em um escorregador de um parque infantil com o bebê sentado no nosso colo ou fazê-lo descer sozinho, mas segurando a nossa mão.

O joão-bobo

(6-9 meses)

Para esta brincadeira, precisamos de um joão-bobo ou um grande pião musical – objetos que podemos conseguir em qualquer loja de brinquedos ou grandes lojas de variedades.

- Sentamos o bebê no chão e nos posicionamos junto a ele.

- Mostramos-lhe o brinquedo e lhe entregamos para que o toque e o manuseie um pouco, como se fosse um boneco qualquer.

- Quando o bebê já estiver familiarizado com o brinquedo, começamos a atividade.

- Colocamos o joão-bobo no chão, perto do nosso pequenino, e lhe damos um pequeno empurrão, para que o brinquedo se mova para frente e para trás.

- Enquanto o joão-bobo vai se movimentando, podemos cantar para o bebê alguma musiquinha que acompanhe o balanço.

- E agora que ele já viu como funciona, deixamos de novo o joão-bobo nas mãos do bebê para que ele brinque sozinho.

Variações

Também podemos brincar com um pião, já que o seu movimento, assim como o do joão-bobo, irá atrair muito a atenção do pequenino.

Será possível...

Desenvolver no bebê o reconhecimento das relações de causa e efeito.

•••

Favorecer a coordenação da percepção ocular do bebê.

•••

Potencializar o interesse do bebê em conhecer novos objetos.

•••

Estimular a capacidade de observação.

As caixas mágicas

Não será difícil arranjar três caixas pequenas para que o bebê possa manipular com facilidade e que sejam de tamanhos diferentes, para colocarmos umas dentro das outras.

- Sentamo-nos com o bebê no chão para ensiná-lo a atividade que ele vai realizar.

- Pegamos as três caixas de tamanhos diferentes e colocamos uma dentro da outra, depois as tiramos, voltamos a encaixá-las, e assim por diante.

- Dentro da caixa menor, podemos deixar alguma surpresinha.

- Ensinamos o bebê a retirar uma caixa de dentro da outra e a recolocá-las como estavam para que ele possa fazê-lo sozinho.

- Certamente, nosso pequenino se divertirá pondo e tirando caixas e procurando coisas dentro delas.

Será possível...
Estimular a exploração sensorial do bebê.
•••
Iniciar o bebê no conhecimento de noções básicas de tamanho e quantidade.
•••
Estimular sua capacidade de classificação e ordenação.
•••
Ensiná-lo a valorizar distâncias e tamanhos.

Variações
Podemos fazer com que o bebê veja como "escondemos" a surpresa dentro da caixa menor para incitá-lo a procurá-la. Pode-se complicar a brincadeira utilizando-se várias caixas do mesmo tamanho, com uma só delas contendo a surpresa.

De 9 a 12 meses

O bebê, dos 9 meses até o seu primeiro aniversário:
- engatinha com facilidade por toda a casa;
- consegue sentar-se quando está parado;
- consegue erguer-se, segurando-se nos móveis;
- imita sons e expressões do nosso rosto;
- passa objetos de uma mão para a outra;
- gosta de comer com as mãos;
- segura os objetos com o polegar e o dedo indicador como se fosse um pregador;
- se pedirmos, deixa um objeto em nossa mão;
- introduz objetos em um recipiente e torna a retirá-los;
- é capaz de encaixar duas peças, por imitação;
- responde quando chamam pelo seu nome;
- procura um parente adulto para conseguir carinho, ajuda ou consolo;
- gosta que leiam histórias para ele;
- segurado por um adulto, caminha uns passinhos para frente;
- começa a fazer construções simples; e
- fala suas primeiras palavras.

Pega-pega engatinhando

Quando o bebê começa a engatinhar, multiplicam-se as possibilidades de atividades.

- Deixamos o nosso pequenino no chão, em uma área lisa e macia (tapete, carpete ou grama) e nos posicionamos junto a ele, também no chão.

- Começamos a engatinhar para incitar que ele também o faça.

- Quando o pequenino começar a se mexer, podemos segui-lo, convidando-o a nos alcançar.

- Evidentemente, sempre nos movimentaremos bem devagar, para que a brincadeira dure algum tempo e, depois, invertemos os papéis.

- Quando o bebê estiver nos perseguindo, deixamos que ele nos alcance e fazemos um grande alvoroço.

- E, quando formos nós que estivermos perseguindo o bebê, fingimos que "comemos" um de seus pezinhos quando o alcançarmos.

Variações
Podemos brincar de persegui-lo entre a mobília, que servirá de obstáculo e esconderijo. Se o pai e a mãe brincarem com o bebê, podem ser três os perseguidos.

Será possível...
Exercitar a percepção visual do bebê.
• • •
Aumentar o controle da motricidade do bebê.
• • •
Aumentar o controle da lateralidade do bebê em relação aos membros superiores e inferiores.
• • •
Desenvolver a sincronização motora do pequenino.

(9-12) meses

A expedição

Sempre que houver oportunidade, recomenda-se levar o pequenino a um parque para que ele fique em contato com a natureza e vá fazendo pequenas descobertas relacionadas ao meio que o rodeia.

- Um dia de sol é a ocasião ideal para passear com nosso bebê em uma área verde.

- Deixamos que o pequenino engatinhe durante um tempinho e permanecemos o tempo todo ao seu lado, explicando-lhe as coisas que ele for encontrando: flores, plantas, pedrinhas, etc.

- Podemos nomear as flores e ensiná-lo a cheirá-las. Também podemos observar uma fileira de formigas ou soprarmos juntos algumas folhas secas caídas, etc.

- O objetivo desta atividade é começar a ensiná-lo a respeitar a natureza; por exemplo, não arrancando uma flor para poder cheirá-la, nem maltratando as formigas, etc.

- Se o pequenino se cansar de engatinhar, podemos continuar a explorar o ambiente, levando-o nos braços.

Variações

Se encontrarmos uma área com gramado, poderemos brincar de pega-pega, fazer cócegas, etc. Não devemos descartar também a possibilidade de criar uma área verde no nosso quintal, com uma casinha de papelão onde possamos brincar, sempre que possível.

Será possível...
Exercitar e fortalecer as extremidades do bebê.
•••
Estimulá-lo a descobrir, explorar e conhecer o ambiente.
•••
Iniciá-lo na apreciação das diversas dimensões ao se deslocar.
•••
Ajudá-lo a superar o medo diante de uma situação nova.

Os rabiscos

Nesta idade, já podemos ensinar o nosso bebê a fazer rabiscos em um papel, atividade que vai mantê-lo entretido durante longos períodos. Só precisaremos de um pedaço grande de papel e alguns lápis de cor grossos com a ponta afiada ou, melhor ainda, gizes de cera grossos.

- Para começar, esticamos o papel no chão ou em algum lugar onde o pequenino estiver.

- Depois, damos-lhe os lápis de cores vivas e lhe ensinamos a segurá-los e a usá-los. Por enquanto, esses rabiscos com lápis ou gizes de cera de várias cores serão seus primeiros exercícios de artes plásticas.

- Em seguida, deixamos que o pequenino pegue os lápis e faça "riscos", a princípio bem simples, sem levantar o lápis do papel. Com o tempo, irá fazendo curvas e outras formas mais complexas.

- Se fizermos rabiscos com ele na folha, devemos procurar não invadir sua área de desenho para respeitar o que ele está fazendo.

- E, uma vez terminada a obra de arte, podemos pendurá-la no quarto do bebê, para que ele possa vê-la de seu berço.

Será possível...
Iniciar o pequenino no conhecimento de formas e cores.
• • •
Favorecer o desenvolvimento da capacidade criativa do bebê.
• • •
Ajudá-lo a adquirir destreza e firmeza na coordenação óculo-manual em movimentos de precisão.
• • •
Potencializar sua expressão.

Variações
Também podemos brincar de fazer rabiscos sentados à mesa, com o bebê no nosso colo. Outra brincadeira bem interessante para esta idade é pintar com os dedos, usando alguma tinta especial para crianças.

Estica e puxa

Com um pedaço de pano resistente, podemos ajudar o bebê a fazer exercício de uma maneira divertida e interessante.

- Sentamo-nos com o nosso bebê no chão.

- Entregamos-lhe um pedaço de pano, que ele logo pegará e examinará.

- Seguramos o pedaço de pano pela outra extremidade e o tiramos do bebê delicadamente, dando pequenos puxões e afrouxando de vez em quando.

- O pequenino deverá notar a todo o momento, em nosso rosto e no nosso modo de falar, que se trata de uma brincadeira.

- Nunca devemos soltar o pano repentinamente, para evitar que o bebê caia de costas e se machuque.

- Na primeira vez, para lhe ensinar como funciona a brincadeira, podemos fazer uma demonstração, brincando só o pai e a mãe.

- Desta maneira, quando o bebê puxar o pano, faremos com que pense que está nos arrastando, o que será muito divertido para ele.

Variações

Em vez de utilizar um pedaço de pano, podemos fazer exatamente o mesmo com uma toalha ou um cachecol.

Será possível...

Exercitar e fortalecer as extremidades superiores do bebê.

•••

Compartilhar experiências e estabelecer vínculos afetivos.

•••

Desenvolver a atenção do pequenino.

•••

Estimular sua capacidade de segurar objetos.

Rasgando papel!

O bebê pode passar um bom tempo rasgando qualquer tipo de papel.

- Colocamos perto do bebê vários papéis de seda de cores vivas e deixamos que ele os examine.

- Se ele não fizer nada com eles, nos sentamos ao seu lado e dobramos ou rasgamos um dos papéis.

- Em seguida, certamente o bebê quererá nos imitar, então, se for necessário, o ajudaremos um pouco no começo para que ele aprenda a fazê-lo.

- Ao dobrar e rasgar o papel, a imaginação do bebê cria formas bastante diversificadas. Podemos lhe ensinar a dobrar o papel duas vezes, pela metade.

- Para finalizar, podemos fazer uma figura bem simples com o papel, como um barquinho ou um avião, para que o nosso bebê brinque com eles.

Será possível...

Estimular a expressão artística do pequenino.

•••

Potencializar sua imaginação, por meio da criação livre de formas.

•••

Estimular a sua habilidade para manipular objetos e materiais.

•••

Desenvolver a sensibilidade tátil do bebê.

Variações

Podemos tentar fazer com que o nosso bebê rasgue o papel de maneira conduzida, em pedaços cada vez maiores ou menores, para ele ter uma primeira aproximação com a noção de tamanho.

(9-12 meses)

A primeira construção

Com alguns blocos de madeira, algumas peças de construção ou algumas caixas de tamanhos diferentes, o bebê pode exercitar sua imaginação.

- Colocamos o bebê sentado no chão e deixamos vários blocos de madeira ou peças de construção de diferentes tamanhos perto dele.

- Se isso não chamar a atenção dele, começamos a brincar, nós mesmos, empilhando-os das mais variadas maneiras.

- Logo o pequenino irá se interessar pelos blocos de madeira e começará a brincar com eles.

- Não devemos ajudá-lo muito, porque convém deixar que os blocos caiam para que ele aprenda e ganhe experiência. Além do que, muitas vezes, ele se divertirá derrubando tudo e reiniciando suas construções.

- Podemos brincar com ele, mas deixando que ele tome a iniciativa ou fazer construções paralelas às dele, para que ele veja como nós fazemos e tente nos imitar.

Será possível...
Favorecer o desenvolvimento da sua capacidade criativa e estimular a sua imaginação.

•••

Estimular a aprendizagem por meio do exemplo e da imitação.

•••

Fazer com que ele perceba a permanência dos objetos.

•••

Potencializar as brincadeiras de construção criativas.

Variações
Na imaginação do bebê, os blocos de madeira não servem apenas para fazer construções, também podem ter várias outras utilidades. É preciso deixá-lo brincar livremente, ficando sempre ao seu lado. É importante que os blocos de madeira sejam suficientemente grandes para que o bebê não os coloque na boca. Também podemos brincar com caixas ou embalagens vazias, de diferentes formas e tamanhos.

Cavalinho

Alguns dizem, e é verdade, que o pai e a mãe podem ser o melhor brinquedo para a criança. É isso que vamos colocar em prática.

- Nesta idade, o bebê se diverte bastante quando o colocamos nos ombros e o levamos para passear a "cavalo".

- Um de nós coloca o bebê sobre os ombros, segurando-o bem, e passeia com ele por toda a casa, devagar, rápido e a galope, procurando não assustá-lo com a velocidade ou movimentos bruscos.

- Explicamos a ele as coisas e chamamos a sua atenção em relação ao caminho que fazemos.

- Se for necessário, quem não fizer o papel do "cavalinho", pode ajudar a segurar o bebê pelas mãos para que ele não caia, principalmente quando se caminhar a "galope".

- Durante o passeio, podemos cantar ou recitar o *Cavalinho alazão*:

*Lá vai o meu trolinho[1]
Vai rodando de mansinho.
Pela estrada além vai
me levando pro seu
ninho. Meu amor,
o meu carinho
que eu não troco
por ninguém. Upa, upa,
cavalinho alazão.
Não erre de caminho,
não.*

[1] *Trolinho*: diminutivo de trole, carruagem rústica, usada nas fazendas e nas cidadezinhas do interior do Brasil, antes da introdução do automóvel.

(9-12 meses)

Será possível...

Melhorar o sentido de equilíbrio do bebê.

•••

Estimular a sua capacidade de observação, identificação e localização de diversos objetos.

•••

Ajudá-lo a descobrir e conhecer o ambiente.

•••

Favorecer a percepção espacial do bebê.

Variações

Também podemos levar o bebê pelos ombros para realizar corridas pela rua ou pelo quintal, sempre explicando a ele tudo o que vemos ao nosso redor.

O pescador

Mais uma vez, o momento do banho será mais divertido se aproveitarmos para brincar um pouco com o nosso bebê. Só precisamos de algumas bolinhas de plástico de tamanho médio e de diversas cores, além de um pequeno balde de plástico (de praia).

- Colocamos o bebê sentado dentro da banheira, com a água até a barriguinha.

- Mostramos-lhe as bolinhas coloridas para que ele as explore e, em seguida, as deixamos na água.

- Entregamos o balde de plástico ao bebê e lhe mostramos como pescar com ele, uma a uma, as bolinhas coloridas.

- Deixamos um pequeno recipiente ao lado da banheira para que o bebê ponha lá dentro as bolinhas que for pescando.

- Quando todas elas estiverem dentro do balde, certamente ele irá querer iniciar novamente a brincadeira.

Será possível...

Desenvolver a capacidade de concentração do bebê.

•••

Fazê-lo adquirir destreza e firmeza na coordenação óculo-manual em movimentos de precisão.

•••

Estimulá-lo a descobrir o meio aquático.

•••

Desenvolver seus hábitos de higiene.

Variações

Podemos ensinar ao bebê o que acontece quando afundamos as bolinhas ou outros brinquedos de plástico na água e os soltamos de repente, procurando fazer com que aprenda a fazê-lo, pois ele ficará encantado ao ver as bolinhas pularem da água.

(9-12) meses

O lenço sem fim

Será possível...
Aumentar a habilidade do bebê para manipular objetos.
•••
Desenvolver a sua capacidade de observação atenta.
•••
Potencializar a capacidade de reconhecimento de objetos e cores do bebê.
•••
Estimulá-lo a expressar emoções.

Com meia dúzia de lenços, se possível de cores diferentes, podemos preparar uma brincadeira de mágica que encantará o nosso bebê.

- Damos um nó em cada lenço, um atrás do outro, de modo que formem uma enorme fileira.

- Colocamos os lenços amarrados dentro do casaco ou da camiseta, deixando que apareça um pedacinho deles por cima da gola.

- Aproximamo-nos do bebê; depois de falar um pouco com ele em tom carinhoso, deixamos que ele perceba o pedaço do lenço que deixamos visível.

- Agora convidamos o pequenino a tirar o lenço dali para ver o que acontece.

- Se for o caso, o ajudamos a tirar ou começamos a fazê-lo nós mesmos para que ele continue.

- Quando ele acabar de tirar os lenços, poderemos começar a brincadeira novamente.

Variações
Em vez de brincarmos com lenços, também podemos brincar com qualquer tipo de tecido, inclusive com papel, de preferência, de cores diversas.

O equilibrista

Se o bebê estiver acordado no berço, podemos entretê-lo com um bicho de pelúcia ou um boneco resistente a golpes.

- Aproximamo-nos do berço onde o bebê está, com um dos seus bichos de pelúcia favoritos.

- Cumprimentamos o bebê por intermédio do bicho de pelúcia ou fazemos com que ele caminhe sobre a grade do berço, enquanto "vai conversando" com o bebê.

- Podemos fazer com que o bicho de pelúcia sente na grade, ande depressa ou devagar, vá dando pulinhos, etc., enquanto cantamos alguma musiquinha, cujo ritmo será seguido pelo bicho de pelúcia.

- Finalmente, deixamos cair o bicho de pelúcia dentro do berço, com exclamações de surpresa para que o nosso bebê possa ter um tempinho para brincar com ele.

- E então, seguramente, o bebê imitará a brincadeira que acabamos de fazer com o boneco sobre a grade do berço.

(9-12 meses)

Variações
Esta brincadeira também pode ser realizada no chão ou em cima de uma mesa, ainda que, dessa maneira, perca-se um pouco da emoção de deixar cair o boneco, o que encanta os pequeninos.

Será possível...
Ajudá-lo a localizar e a identificar os sons.

• • •

Estimular a capacidade do bebê de antecipar situações.

• • •

Desenvolver a sua capacidade de observação e concentração.

• • •

Estimular seu aprendizado por meio do exemplo e da imitação.

Parabéns pra você nesta data querida, muitas felicidades, muitos anos de vida. Parabéns pra você!

O presente

Quando o nosso bebê fizer seu primeiro aniversário, poderemos fazer da entrega do presente uma brincadeira.

- Uma vez escolhido o presente, o embrulhamos em um papel ou o colocamos dentro de uma caixa, que, por sua vez, estará embrulhada em um papel de presente vistoso e chamativo.

- Anunciamos ao bebê, com bastante alegria, que, por ser seu aniversário, ele ganhará um presente e, em seguida, entregamos-lhe a caixa.

- Devemos ensiná-lo a desembrulhar o papel da caixa e deixar que ele tome a iniciativa de abri-la.

- Também deixamos que ele abra a caixa, ainda que estejamos sempre atentos, caso ele necessite de uma pequena ajuda, e lhe animamos, a todo o momento, a seguir adiante.

- **Finalmente**, quando o pequenino conseguir desembrulhar o presente, mostraremos grande alegria e cantaremos uma musiquinha de aniversário.

- Depois de toda esta bagunça, será necessário deixar que ele brinque um pouquinho com seu novo brinquedo ou, se for o caso, todos brincarão juntos.

(9-12) meses

Será possível...

Estimular a habilidade de manipulação de objetos e materiais do bebê.

•••

Estabelecer relações e vínculos afetivos entre o bebê e nós.

•••

Desenvolver a autoafirmação do bebê.

•••

Ensinar-lhe a expressar emoções.

Variações

Outra brincadeira que entretém bastante os pequeninos é abrir e fechar zíperes de bolsos e procurar objetos em seu interior ou brincar com os cadarços dos sapatos.

O primeiro aniversário

Também na ocasião do primeiro aniversário do nosso bebê, podemos preparar uma pequena festa com uma brincadeira-surpresa.

- Para preparar a festinha, enfeitamos a casa com balões e papéis coloridos, colados no teto e nas paredes. Explicamos ao nosso bebê que estamos comemorando seu primeiro aniversário. Mesmo que ele não entenda muito bem o que estamos dizendo, logo perceberá que estamos todos muito contentes e também ficará alegre.

- Se acharmos conveniente, podemos colocar um pequeno bolo de aniversário com uma vela acesa sobre a mesa. Neste momento, o bebê poderá aprender a soprar, e não há melhor maneira para isso do que soprando a vela do seu primeiro aniversário.

- Demonstramos a ele como se sopra, enchendo de modo exagerado as bochechas de ar e soprando em seguida. Ele nos imitará e logo saberá apagar a velinha. Para terminar, cantamos os parabéns e lhe damos alguns beijinhos e algum presente, procurando sempre manter o ambiente lúdico e festivo.

Será possível...

Ensiná-lo a controlar os movimentos da boca e da respiração.

•••

Estimular o seu aprendizado por meio do exemplo e da imitação.

•••

Estabelecer relações e vínculos afetivos entre o bebê e nós.

•••

Favorecer a integração grupal.

Variações

Podemos começar a ensiná-lo a soprar alguns dias antes do seu aniversário, soprando pedacinhos de papel, para que apague a sua primeira vela direitinho.

O segundo ano

De 12 a 24 meses

A criança, do seu primeiro aniversário até o segundo, já é capaz de:
- exigir mais atenção;
- perseguir e empurrar;
- caminhar sozinha ou com pouca ajuda;
- rolar, pular e imitar ações;
- subir, engatinhando, as escadas;
- ser muito curiosa e querer inspecionar tudo;
- dizer "não" frequentemente;
- abrir e fechar portas;
- reconhecer a si mesmo em um espelho ou em uma fotografia;
- tirar os próprios sapatos, meias e algumas peças de roupa;
- dizer frases de duas ou três palavras e entender mais palavras do que pode pronunciar;
- pedir coisas simples e entender o significado de "meu" e "seu"; e
- fazer muitas perguntas, como: "Por quê?" ou "O que é isso?".

Minha cabana

Todas as crianças adoram ter um esconderijo ou cabana onde possam brincar. Uma mesa com um lençol ou cobertor grande basta para construí-la.

- A mesa pode estar em qualquer lugar do quarto ou da sala, de preferência perto da parede.

- Cobrimos a mesa com um lençol ou cobertor que cubra os quatro lados da mesa (como uma grande toalha de mesa).

- Colocamos o lençol de tal maneira que seja fácil entrar por um dos lados, como se fosse a porta da casinha. É preciso deixar que um pouco de luz entre dentro da cabana.

- Contamos uma historinha ao nosso filho e entramos na casinha com ele.

- "Fechamos" a porta e ficamos com ele ali um pouco.

- Também podemos colocar algum brinquedo lá dentro.

- Para concluir, podemos sair da casinha e observar o que ele faz dentro de seu esconderijo.

(12-24 meses)

Será possível...

Estimular a imaginação da criança.
• • •
Facilitar a exploração do ambiente ao seu redor.
• • •
Desenvolver a capacidade de orientação da criança.
• • •
Ensiná-la a compartilhar experiências.

Variações

Podemos construir, para o nosso filho, uma casinha com uma caixa grande de papelão, além de decorá-la e pintá-la de acordo com o nosso gosto, depois, colocamos uma almofada dentro dela, para que o pequenino faça dormir algum de seus bichinhos de pelúcia, ou, ainda, podemos lhe ensinar a usar uma lanterna para que fique mais iluminada.

Para trás

Com uma bola ou um balão que a criança possa segurar facilmente com as mãos, as possibilidades de brincadeiras podem ser muito variadas.

- Em um quarto que não esteja sendo usado (quarto de brinquedos, por exemplo), posicionamo-nos a uns dois metros do nosso filho, de costas para ele, com a bola nas mãos e com as nossas pernas abertas.

- Chamamos nosso filho pelo seu nome, jogamos suavemente a bola por entre nossas pernas, rolando-a pelo chão e o convidamos para pegá-la e devolvê-la, primeiro, rolando-a pelo chão e, depois, fazendo-a, passar pelas nossas pernas.

- Podemos repetir a brincadeira várias vezes.

- Quando a criança adquirir um pouco de prática, pediremos a ela que nos devolva a bola do mesmo modo como fizemos, ou seja, que se coloque de costas para nós e, com as pernas abertas, faça-a passar antes por baixo de suas pernas.

Será possível...

Estimular o controle psicomotor da criança.

•••

Estimular a sua capacidade de pegar e guardar.

•••

Desenvolver a sua capacidade de observação atenta e rápida.

•••

Ensiná-la a observar e a imitar posturas e movimentos.

Variações

A bola (ou balão) serve para as mais variadas brincadeiras; uma delas pode ser a de se sentarem um diante do outro, a uma distância de aproximadamente sete metros, e para jogar a bola de várias maneiras (rolando, quicando, sem quicar, etc).

(12-24 meses)

Artistas

Uma lousa pequena ou um cavalete e vários gizes coloridos podem ser motivo de diversão para a criança. Se tivermos espaço, podemos pintar de preto um pedacinho da parede do quarto dela, para que sirva de quadro-negro por algum tempo.

- Deixamos a lousa e os gizes coloridos ao alcance do nosso filho e observamos o uso que faz deles.

- Talvez tenhamos que ajudá-lo no princípio. Certamente, quando começarmos a usar os gizes, ele, rapidamente, se interessará pelo que estamos fazendo. Ele pode pintar tanto com a mão direita quanto com a esquerda.

- Convém repetir sempre para ele que os gizes só servem para pintar na lousa. Desta forma, manteremos a salvo as paredes da casa e evitamos que a criança os coloque na boca.

- Quando ele adquirir um pouco de prática com os gizes, podemos fazer um desenho coletivo, assim, tanto o pai quanto a mãe terão a possibilidade de intervir, fazendo uma obra conjunta.

- É preciso respeitar o desenho da criança, não o apagando até que ela se canse e queira desenhar outra coisa.

- Mais adiante, esta mesma lousa lhe servirá para começar a fazer rabiscos, escrever algumas coisas, fazer suas primeiras contas e assim por diante.

Será possível...

Ensiná-la a aceitar e a respeitar normas e convenções.

•••

Estimular a expressão artística e capacidades da criança.

•••

Desenvolver sua criatividade.

•••

Ajudá-la nas limitações e desenvolver hábitos de organização.

Variações

Uma alternativa pode ser pendurar na parede um pedaço de papel pardo, para que a criança pinte-o com diferentes tipos de materiais (giz colorido, lápis de cor, giz de cera, etc). Também podemos adquirir, em lojas de brinquedos, lousas nas quais os desenhos podem ser feitos com um pincel atômico ou ímã e ser apagados com a mão ou com um apagador próprio.

Andando muito bem!

Agora que a criança já está começando a andar, as possibilidades de brincadeiras se multiplicam. O próprio ato de caminhar pode ser transformado em brincadeira.

- No parque, no campo ou na praia, podemos oferecer ao nosso filho a oportunidade de andar sobre superfícies de texturas diferentes.

- Ficamos descalços e andamos com ele, de mãos dadas, sobre a grama, a areia, as pedras, o cimento, etc.

- Enquanto fazemos isso, podemos comentar como é o chão em que estamos pisando: frio ou quente, duro ou mole, enrugado ou liso.

- Também podemos lhe ensinar a andar de um modo diferente: de lado, para trás e de várias outras formas.

- Sempre que for necessário, seguramos sua mão, mas, quando ele já tiver um pouco de prática, podemos fazer com que nos imite.

- Devemos incentivá-lo a andar e aplaudir com carinho seus progressos.

Será possível...

Desenvolver o sentido do tato da criança.

• • •

Desenvolver suas habilidades motoras básicas.

• • •

Fazê-la explorar suas possibilidades motoras e conhecer o ambiente ao seu redor.

• • •

Ensiná-la a manter o equilíbrio.

Variações

Podemos mudar a maneira de andar e, segurando nosso filho pelas mãos, levantá-lo do chão de vez em quando para que pule. Num dia de chuva, podemos criar nosso próprio caminho de texturas diferentes em casa.

Pontaria

(12-24 meses)

Com uma bola pequena e um par de garrafas de plástico (pet) ou Tetra Pak, podemos exercitar a pontaria.

- Estamos em uma extremidade da sala vazia (sala ou quarto de brinquedos) com o nosso filho, com uma bolinha.

- Colocamos, no chão, duas garrafas de plástico, um pouco separadas entre si, a um metro de distância de nós.

- Convidamos a criança para que jogue a bola com uma das mãos, a princípio, para derrubar as garrafas e, depois de algum treino, para que faça a bolinha passar entre elas, sem derrubá-las.

- Pouco a pouco, vamos afastando as garrafas, senão a bola não passará entre elas; voltamos ao começo.

- A brincadeira fica mais complexa se fizermos com que o nosso filho jogue a bola algumas vezes com a mão direita e outras, com a esquerda.

Será possível...

Aumentar a habilidade de arremessamento da criança.

•••

Ensiná-la a administrar corretamente a força.

•••

Fazer com que aumente o controle da lateralidade.

•••

Propiciar-lhe a percepção das distâncias.

Variações

Assim como se brinca com as mãos, convém fazer o mesmo com os pés, chutando a bola. Se a criança preferir, podemos montar um jogo de boliche com várias garrafas de plástico.

As cores

Qualquer ocasião é boa para que a criança aprenda a distinguir e a identificar as cores. Podemos brincar em casa, na rua, no campo ou em muitos outros lugares.

- Entregamos ao nosso pequenino um de seus brinquedos preferidos.

- Observamos com ele qual é a cor predominante do brinquedo e a nomeamos.

- Em seguida e sem abandonar o brinquedo, damos uma volta com o nosso filho nos braços ou sobre nossos ombros, em busca de objetos em que predomine determinada cor.

- Nomeamos os objetos que são da mesma cor que o brinquedo e lhe damos informações sobre eles: para que servem, se fazem algum barulho especial, se ele já o havia visto antes, etc.

- Como sempre, quando a criança se cansar, devemos mudar de atividade.

- Quando quisermos repetir a brincadeira, devemos escolher outra cor.

Será possível...
Ensiná-lo a distinguir as cores.
•••
Incentivá-lo a explorar todo o ambiente.
•••
Enriquecer seu vocabulário.
•••
Desenvolver a memória da criança.
•••
Realizar atividades em conjunto.

Variações
Também podemos brincar de emparelhar objetos da mesma cor (por exemplo, peças de roupa).

(12-24 meses)

O boneco mágico

Com um copo de plástico opaco, um palito de madeira de churrasco e uma cartolina, podemos criar um brinquedo muito divertido para o nosso filho.

- Furamos o fundo do copo do tamanho certo para que o palito de madeira passe pelo orifício.

- Recortamos um círculo de cartolina, pequeno o suficiente para que caiba dentro do copo, desenhamos uma careta e penduramos a cartolina em uma das pontas do palito de madeira.

- Colocamos o copo de boca para cima e introduzimos o palito pelo orifício que fizemos, de modo que a careta de cartolina fique escondida dentro do copo.

- Aproximamo-nos da criança e lhe mostramos o copo, sem que ela veja o que há dentro dele.

- Sem fazer movimentos bruscos, retiramos a cartolina, empurrando o palito de madeira até em cima, enquanto, com uma voz diferente, cumprimentamos o pequenino.

- Depois, também com entonação diferente, despedimo-nos dele, enquanto baixamos a cartolina pintada.

- Também podemos fazer o palito girar, de modo que a careta vá se movendo, enquanto conversamos com nosso filho.

Será possível...
Ensinar a criança a observar e a localizar os objetos.
•••
Melhorar sua capacidade de concentração.
•••
Estimulá-lo a antecipar situações.
•••
Estabelecer vínculos.
•••
Incentivá-lo a expressar emoções e sentimentos.

Variações
Quando a criança vir como funciona a brincadeira e se atrever a manipular o brinquedo, podemos deixar que ela faça o boneco entrar e sair do copo.

Vamos remar!

Sentados no chão com o nosso filho, esta atividade pode ser bastante divertida.

- Sentamo-nos no chão, um diante do outro, com as pernas esticadas e um pouco entreabertas.

- A criança deve posicionar-se entre nossas pernas.

- Pegamos as mãos do pequenino e vamos nos movimentando para frente e para trás.

- Primeiro, impulsionamo-nos para trás e, com isso, fazemos com que o corpo da criança vá para frente.

- Depois, convidamos o nosso filho para que caia para trás e nos deixamos arrastar para frente.

- De vez em quando, podemos fazer com que ele nos empurre tão forte para frente que nos jogue no chão, o que o divertirá muito.

- Podemos seguir um ritmo determinado para os movimentos, por exemplo, ao som de uma musiquinha de marinheiro.

*Ô marinheiro, marinheiro,
marinheiro só,
ô quem te ensinou a nadar,
marinheiro só,
ou foi o tombo do navio,
marinheiro só,
ou foi o balanço do mar,
marinheiro só.*

Variações

Durante a brincadeira, a colocação dos pés, tanto os do nosso filho quanto os nossos, pode variar. Também podemos nos segurar pelos tornozelos ou colocar nossas panturrilhas sobre os tornozelos dele, sem nunca forçar suas perninhas, procurando fazer com que tanto ele quanto nós estejamos bem confortáveis.

Será possível...

Ensinar-lhe a encadear ações.

•••

Propiciar-lhe experiências motoras múltiplas e inexploradas.

•••

Exercitar a flexibilidade da criança.

•••

Estimulá-la a administrar corretamente a força.

•••

Desenvolver o sentido de ritmo da criança.

O pintinho

Para esta atividade, é necessário um lugar espaçoso, com esconderijos ou obstáculos para que possamos nos esconder. Um jardim ou parque pode ser o lugar ideal.

- Vamos até o local escolhido com o nosso filho.

- Um de nós fica com o pequenino, distraindo-o, o outro se esconde por perto.

- Aquele que estiver escondido diz em voz alta: "Piu, piu!".

- O outro chama a atenção da criança e a avisa que escutou um pintinho piando.

- O "pintinho" volta a piar: "Piu, piu!".

- Então, incentivamos a criança a procurar o pintinho e a acompanhamos.

- Quando descobrirmos o pintinho, demonstramos nossa alegria por tê-lo encontrado.

- Podemos repetir a brincadeira imitando outros animais (cachorro, gato, pato, vaca, etc.), e nos escondendo em um lugar cada vez melhor.

Será possível...

Iniciá-la na exploração do ambiente ao seu redor.

•••

Desenvolver, na criança, a identificação e a localização de sons.

•••

Ajudá-la a exercitar a percepção visual de pessoas e objetos.

•••

Aumentar a capacidade de observação atenta e rápida da criança.

Variações

Em uma das vezes, podemos nos esconder de maneira que nosso filho possa nos ver claramente para facilitar que ele nos encontre, e assim manifestar alegria por ter conseguido esse feito tão bem e rápido.

(12-24 meses)

As bolhinhas

Podemos fazer com que a criança se entretenha com a água de muitas maneiras. Para esta atividade, necessitaremos de um canudinho de plástico.

- A criança deve estar sentada diante de um recipiente com água. Mostramos a ela um canudinho de plástico (de refrigerante) e a ensinamos a soprá-lo, mas de modo que não absorva o líquido.

- Quando já estiver sabendo um pouco como soprar, convidamos a criança a fazer isso na água, para que surjam bolhinhas.

- Ao escutar o barulho que produzirá ao soprar no canudinho, logo a criança se animará.

- Podemos imitar os barulhos que ela fizer e, assim, participaremos de sua diversão.

- Não devemos nos importar em ter que, depois, secar água que tiver caído, se o nosso pequenino tiver experimentado bons momentos e ficado com vontade de repetir a brincadeira outro dia.

Variações
Também podemos participar da brincadeira soprando outro canudinho ou fazendo a brincadeira nós mesmos até que a criança aprenda a soprá-lo.

Será possível...
Ensiná-la a controlar a boca e a respiração.
•••
Fazê-la aprender por meio do exemplo e da imitação.
•••
Mostrar-lhe como reconhecer materiais e texturas diversificados.
•••
Descarregar ou liberar as energias da criança.

As fitas

Com algumas fitas de papel, podemos fazer com que o nosso filho brinque e exercite a manipulação de objetos.

- Preparamos fitas de papel de várias cores, com mais de 40 centímetros de comprimento. Será melhor se usarmos papel crepom, por causa de sua textura, que é bastante resistente e divertida.

- Cada um de nós pega uma fita, perto de onde estiver nosso filho.

- Começaremos a movimentar as fitas, fazendo-as ondularem em diversas direções e em diferentes velocidades.

- Logo, a criança quererá se juntar a nós e, para ela, deixamos mais fitas no chão.

- Ensinamos a criança a pegar a fita e a movimentá-la; no começo, um de nós segura sua mão, enquanto fazemos com que ela movimente a fita.

- Com as fitas, podemos formar diferentes figuras no ar, movimentando-as, enquanto cantamos ao som de músicas variadas.

Será possível...

Ensinar a criança por meio do exemplo e da imitação.

•••

Desenvolver a sua habilidade de manipulação com ambas as mãos.

•••

Desenvolver a sua criatividade e imaginação.

•••

Aprimorar a coordenação motora da criança.

Variações

Para conseguir uma altura maior, podemos amarrar a fita a um pedaço de pau mais ou menos comprido e brincar, movimentando-o.

(12-24 meses)

A surpresa

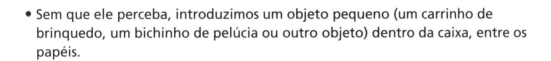

Com uma caixa de papelão grande e bolinhas feitas com papel de seda colorido, podemos surpreender o nosso pequenino.

- Pegamos o papel e pedimos à criança que nos ajude a fazer bolinhas com ele, até que tenhamos uma caixa de papelão cheia.

- Depois de enchê-la, distraímos sua atenção com qualquer outra coisa ou brincadeira.

- Sem que ele perceba, introduzimos um objeto pequeno (um carrinho de brinquedo, um bichinho de pelúcia ou outro objeto) dentro da caixa, entre os papéis.

- Então, lhe contamos uma historinha que o estimule a ir procurar dentro da caixa, até que encontre o objeto escondido.

- Ao achá-lo, demonstramos grande surpresa e deixamos que ele examine e brinque com o seu achado o tempo que quiser.

- Mais tarde, podemos repetir a brincadeira, enchendo a caixa com outros materiais em vez de bolinhas de papel, como areia, pedaços de pano, confetes, etc.

Variações

Esta pode ser uma maneira excelente de dar à criança um presente por seu segundo aniversário ou por alguma outra data comemorativa.

Será possível...

Desenvolver a habilidade de manipulação da criança.

• • •

Estimular sua capacidade de observação e localização de materiais.

• • •

Incitá-la a persistir para conseguir o que deseja.

• • •

Aumentar sua capacidade de concentração.

Com as mãos na água

A água é um meio que costuma chamar muito a atenção dos pequeninos e, além disso, pode ser uma fonte de brincadeiras bastante divertidas. Neste exercício, utilizamos a banheira com água, um sabonete e algumas bolinhas pequenas.

- O primeiro passo pode ser mostrar à criança como se consegue obter água morna, misturando a fria com a quente (a água não deve estar nem muito fria nem muito quente).

- Colocamos o sabonete na banheira e pedimos para o nosso filho que tente pegá-lo com suas mãozinhas.

- Como o sabonete escorrega, cairá de suas mãos e ele precisará de várias tentativas para conseguir pegá-lo.

- Também podemos ter preparadas algumas bolinhas pequenas de várias cores para ensinar ao nosso pequeno a afundá-las e ver como elas sobem rapidamente até a superfície.

- Deixamos que ele brinque um pouco com elas.

- Na água, também podemos brincar com alguns objetos que flutuem e outros que afundem.

- Para finalizar, esvaziamos a banheira e observamos com a criança como a água se esvai pelo ralo e finalmente desaparece.

Variações

Se tivermos um bidê em casa, também poderemos realizar esta atividade nele. Colocamos uma tampa no ralo e o enchemos com água morna. Uma vez terminada a brincadeira, só teremos que destampar o ralo e deixar que a água se vá. Nesse momento, e depois de ter brincado com a água, nosso filho estará mais animado a tomar banho.

Será possível...

Facilitar os hábitos de higiene da criança.

•••

Favorecer sua coordenação óculo-manual.

•••

Desenvolver sua capacidade de observação.

•••

Ensiná-la a explorar e a descobrir o ambiente de todo dia.

A lagarta

Precisamos de uma superfície leve e macia (uma tolha grande, um carpete, o cobertor de brincar, etc.) para que a criança fique à vontade.

- Deixamos que ela se deite de barriga para baixo sobre o cobertor de brincar.

- Colocamos seu brinquedo ou boneco favorito na sua frente, relativamente perto dela, para que possa vê-lo, mas fora do alcance de suas mãos.

- Posicionamo-nos atrás da criança e apoiamos nossas mãos firmemente em seus pés.

- Agora, o convidamos a empurrar nossas mãos com seus pés para tentar alcançar o brinquedo.

- Nas primeiras vezes, podemos empurrar, nós mesmos, as pernas com suavidade para fazer com que ele avance um pouco. Rapidamente, ele aprenderá a fazê-lo.

- É bom que a criança sempre consiga alcançar o brinquedo para que fique estimulada a repetir a brincadeira num outro dia.

Será possível...

Melhorar a motricidade das extremidades, especialmente das pernas da criança.

•••

Aumentar sua capacidade de observação do ambiente ao seu redor.

•••

Facilitar a individualização visual de objetos da criança.

Variações

Podemos incentivar o nosso filho até que ele alcance o brinquedo, dar-lhe um beijo quando conseguir pegá-lo e deixar que brinque com o brinquedo por algum tempo.

Dedos

12-24 meses

Com um pouco de tinta e imaginação, podemos brincar e nos divertir com o nosso filho.

- Pintamos algumas carinhas sorridentes nas pontas dos dedos da nossa mão direita ou esquerda. Aproximamo-nos do pequenino e, posicionando-nos perto dele, mostramos-lhe nossos dedos decorados, enquanto os movemos para chamar a sua atenção.

- Podemos inventar um diálogo do qual participem as personagens que desenhamos. Quando fizermos os dedos falarem, teremos que usar tons de voz diferentes do habitual, para que a criança os distinga com facilidade.

- Devemos procurar contar uma história que seja divertida e que a criança possa participar de alguma maneira: podemos fazer perguntas a ela, dar instruções, cantar alguma musiquinha, etc. Ao término da brincadeira, os personagens se despedem da criança e ela deles, educadamente.

Será possível...
Melhorar a percepção visual e auditiva da criança.

Estimular sua fantasia e imaginação.

Favorecer sua expressão e comunicação.

Ajudá-la a expressar emoções.

Variações
Podemos também pintar personagens nos dedos do nosso filho para que ele possa participar mais da brincadeira ou para que brinque sozinho, quando quiser.

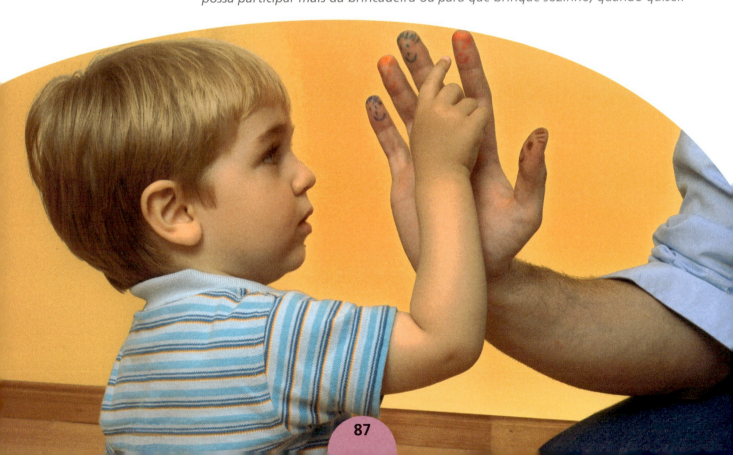

Massinha

Com pequenos blocos de massinha, nosso filho passará bastante tempo criando "obras de arte".

- Para manipular a massinha, procuramos uma superfície fácil de limpar ou forramos o chão, ou uma mesa, com jornal.

- Entregamos ao nosso filho um bloco de massinha e o ensinamos a manuseá-lo um pouco, esticá-lo, cortá-lo, voltar a juntá-lo, e assim por diante, evitando que ele coloque a massinha na boca.

- Quando ele já tiver um mínimo de prática, podemos lhe mostrar como usar os "moldes" de plástico com formas de animais, geométricas e muitas outras.

- Procuramos entregar-lhe blocos de massinha de diversas cores, para que vá fazendo suas composições.

- Finalmente, devemos animá-lo a fazer bonecos e objetos bem simples que ele conheça. Depois desta atividade, devemos lavar as suas mãozinhas.

- Como sempre, devemos incentivá-lo a continuar fazendo coisas com a massinha, aproveitando para lhe dizer de que cor é, o que é que fizemos, e nos maravilharmos com as suas criações.

Será possível...

Fazer nosso filho perceber a solidez dos materiais.

Estimular sua expressão artística.

Desenvolver a criatividade da criança.

Desenvolver sua habilidade de manipulação.

Ensiná-lo por meio do exemplo e da imitação.

Variações

Com um rolinho pequeno ou uma colher de plástico, a criança pode aprender a fazer cobrinhas, cortar a massinha para modelar bolinhas para, depois, brincar de outras coisas.

Encaixes

(12-24 meses)

Se quisermos preparar uma brincadeira de encaixar, precisaremos de uma caixa de papelão de tamanho médio e algumas peças geométricas de formas e cores variadas.

- Colocamos a caixa virada para baixo e recortamos, em seu fundo, as formas das figuras geométricas (por exemplo: uma redonda, uma quadrada e outra triangular).

- Quando a caixa já estiver pronta e as peças geométricas também, podemos entregá-las à criança e ensinar-lhe como se brinca: ela deve introduzir as peças geométricas na caixa e, para isso, necessitará que cada peça coincida com a forma do buraco da caixa.

- Depois da demonstração, mostramos-lhe como recuperar as peças do interior da caixa e, então, deixamos que brinque sozinha.

- Quando se cansar de introduzir as peças na caixa, se tivermos deixado as peças geométricas ao seu alcance, seguramente ela começará a brincar com elas e fará construções sem a nossa orientação.

Variações
Quando a criança já tiver um pouco de prática, podemos incluir peças que não se encaixem em nenhum buraco e observar o que nosso filho fará diante dessa situação.

Será possível...
Ajudar a criança a distinguir as formas.
•••
Desenvolver sua coordenação óculo-manual.
•••
Incitá-la a persistir para conquistar o que deseja.
•••
Ensiná-la a planejar e a solucionar problemas.

Meu clone

Com um pedaço de papel pardo grande o suficiente para desenhar o contorno do corpo do nosso filho em tamanho real e algumas fitas adesivas, podemos brincar um pouco e ensiná-lo o nomes das partes do corpo.

• Colocamos o papel pardo no chão e convidamos o nosso pequenino para ficar deitado sobre ele de barriga para cima, com os braços e as pernas abertos.

• Desenhamos a silhueta da criança sobre o papel.

• Pregamos o papel na parede, na altura da criança, e a colocamos no chão.

• Então, colamos os adesivos em diferentes pontos da silhueta desenhada no papel pardo.

• Entregamos a outra metade dos adesivos ao nosso filho e o convidamos para que os cole em seu corpo, da mesma forma que foram colados na silhueta de papel.

• Devemos, primeiro, ensinar-lhe como fazer a atividade, para que, depois, ele possa fazê-la sozinho. A todo o momento, podemos dizer a ele o nome das partes do corpo onde estão os adesivos.

• Ao final, relembramos como foi a brincadeira e o cumprimentamos pelos seus acertos.

(12-24) meses

Será possível...

Fazer com que a criança tome consciência do próprio corpo.

• • •

Ajudá-la a descobrir e a conhecer o próprio corpo.

• • •

Desenvolver a coordenação da percepção ocular da criança.

• • •

Ensiná-la a realizar atividades em conjunto.

Variações

Também podemos fazer o contrário: colar os adesivos no nosso filho e lhe pedir que os coloque na silhueta ou estampar sua mãos e pés nela.

Os pares

Para esta brincadeira, devemos dispor de alguns objetos que possam facilmente formar pares. Podemos brincar, por exemplo, com cinco pares de meias de cores claramente diferentes.

- A criança pode ficar sentada no chão ou na mesa.

- Colocamos ao lado dela um monte de meias. Escolhemos uma meia qualquer e lhe pedimos que procure o seu par.

- Pode acontecer de, no começo, ele não entender a brincadeira, então, lhe explicaremos qual era a meia que queríamos, dizemos que as duas são da mesma cor e a nomeamos.

- Logo, ela aprenderá e nos entregará a peça que pedimos.

- Devemos aplaudi-la sempre que nos entregar a meia certa e, se errar, devemos lhe explicar o que foi que ela errou.

Será possível...

Ajudá-la a reconhecer as cores.
•••
Aumentar a capacidade de classificação da criança.
•••
Ensiná-la a realizar atividades em conjunto.
•••
Aumentar sua capacidade de orientação.
•••
Desenvolver nela hábitos de organização.

Variações

Ao brincarmos com o nosso filho, devemos sempre lhe mostrar primeiro como nós fazemos. Podem ser utilizados também outros objetos em pares.

Minha casa

(12-24 meses)

Com um simples brinquedo de construção, de peças de madeira ou de plástico de diferentes tamanhos e formatos, podemos preparar múltiplas atividades, além daquelas que o nosso filho pode inventar.

- Podemos brincar sobre a mesa, no chão da sala de estar ou do quarto do pequenino.

- Com as peças de construção, construímos algo que se pareça com uma casa ou um esconderijo, deixando que a criança observe o que estamos fazendo.

- Em seguida, convidamos a criança para que ela mesma construa uma casa ao seu gosto, e lhe dizemos que alguns de seus brinquedos podem passar a noite dentro desta casa.

- Deixamos alguns brinquedos pequenos ao lado dela, para que possa colocá-los dentro da construção que preparou e brincar com eles.

- Será melhor se fizermos, diante dele, alguma construção simples, para que nos imite se quiser e se gostar, do que ajudá-lo a construir a sua casinha, mas devemos deixar que ele crie livremente e, se a sua construção cair, ele logo aprenderá a fazê-la direito.

Será possível...

Provocar brincadeiras criativas.

•••

Mostrar-lhe que o erro é um estímulo para novas iniciativas.

•••

Estimulá-la a inventar e a fantasiar.

•••

Melhorar a capacidade de observação da criança.

Variações

Esta brincadeira é uma excelente ocasião para o pai e a mãe brincarem com a criança, construindo juntos, mesmo que deixem sempre o filho tomar a iniciativa da brincadeira.

A corneta

Com dois tubos de papelão, daqueles de plástico PVC de cozinha ou mesmo de papel higiênico, podemos nos divertir por um tempinho.

- Estamos com nosso filho em um quarto (quarto de brinquedos).

- Pegamos um dos tubos e falamos com a criança através dele. Chamamos o pequenino pelo seu nome, o cumprimentamos, etc.

- Deixamos o outro tubo de papelão com ele, para que faça o mesmo.

- Se não entender o que pretendemos, voltamos a falar com ele pelo tubo ou fazemos barulhos de todos os tipos.

- Logo em seguida, ele se animará a nos imitar e inventará todo tipo de sons.

- Se fizermos alguns buracos no papel, o tubo ficará parecido com uma flauta e, assim, poderemos ensinar o seu funcionamento ao nosso pequenino. Decerto, ele passará um bom tempo brincando de música.

Variações

Podemos decorar os tubos de papelão usando canetinhas atóxicas ou adesivos coloridos, tarefa na qual, certamente, a criança nos ajudará.

(12-24 meses)

Será possível...

Melhorar o controle da boca e da respiração da criança.

•••

Estimular sua capacidade de pegar coisas.

•••

Afinar a sensação auditiva da criança.

•••

Treinar sua destreza manual.

•••

Melhorar sua capacidade de concentração.

A serpente

Quando o nosso filho estiver com aproximadamente dois anos, com uma corda de mais ou menos dois metros de comprimento, podemos fazer com que ele se exercite um pouco e aprenda a pular.

- Colocamo-nos no centro de um quarto amplo, segurando a corda, com cerca de dois metros de comprimento, por uma de suas extremidades.

- Deixamos que o pequenino se posicione onde quiser dentro do quarto. Movemos a corda pelo chão e ele deverá evitar tocá-la, movendo-se e pulando quando for necessário.

- Para que ele entenda a brincadeira, podem brincar os dois, pai e mãe, com ele, de modo que um mova a corda e o outro fuja dela. O pequenino vai querer brincar também e, quando ele se aproximar, moveremos devagar a corda para que possa se esquivar dela com facilidade.

- Devagarzinho, à medida que a criança ganhe experiência com a brincadeira, aumentamos a velocidade de movimento da corda, procurando sempre não mover depressa demais para a criança. Temos de nos acostumar a lhe dizer palavras animadoras em suas atividades ou brincadeiras.

Será possível...
Melhorar o controle psicomotor da criança.
•••
Aprimorar a motricidade das suas extremidades inferiores.
•••
Ensiná-la a dominar e a manter o equilíbrio durante as atividades dinâmicas.
•••
Estimulá-la a reagir com rapidez.

Variações
Mais tarde, podemos variar os papéis e deixar que nosso filho mova a corda, para que ela nos persiga e nos faça pular e correr.

(12-24 meses)

Quebra-cabeças

Mais do que comprar um quebra-cabeça, podemos preparar um nós mesmos, recortando em três ou quatro pedaços uma foto grande de uma imagem que seja familiar ao nosso filho.

- Quando a criança estiver sentada à mesa ou no chão, podemos lhe entregar o quebra-cabeça montado para que ele observe muito bem o objeto, a pessoa ou animal da foto.

- Em seguida, separamos as peças e tornamos a uni-las para que ela veja como se brinca.

- Depois da demonstração, já podemos deixar que ele brinque sozinho.

- Se ele estiver se divertindo, podemos preparar novos quebra-cabeças e aumentar o número de peças pouco a pouco, levando em conta que, nesta idade, a criança não deve manipular mais do que dez peças, pois ficaria complicado demais para ela e tornaria a brincadeira desestimulante.

- Mesmo estando ao seu lado, é preciso tentar não interferir muito na brincadeira, animá-lo a continuar e lhe dar carinhosamente os parabéns quando ele conseguir completar o quebra-cabeça.

Será possível...

Favorecer o relaxamento da criança.

•••

Ensiná-la a manipular peças.

•••

Aumentar sua capacidade de classificação e a reconhecer formas.

•••

Exercitar sua capacidade de organização: colocar coisas em ordem.

Variações

Para que o nosso filho pegue as peças com mais facilidade, podemos grudar nelas um puxador que lhe permita levantá-las facilmente ou entregá-las aos outros.

Desenhos na areia

À beira do mar, de um rio ou em um parque, podemos brincar com a areia; ou até mesmo em casa, se arranjarmos um pouco de areia e a colocarmos numa caixa.

- Sentamo-nos em uma área arenosa (um parque, uma praia ou às margens de um rio).

- Ensinamos o nosso pequenino a fazer marcas na areia com os nossos dedos e mãos. Podemos pegar suas mãozinhas e ajudá-lo a fazê-las, mas, em breve, ele irá querer fazer sozinho.

- Quando ele adquirir um pouco de prática, começará a desenhar formas mais complexas. Se contarmos com diversos utensílios para moldar a areia (um pauzinho, um balde, um ancinho, uma pá, etc.), a criança ficará um bom tempo entretida.

- De um dia para outro, podemos mudar de lugar, para que ela trabalhe com a areia seca ou com a areia úmida e, com isso, multiplicamos, de modo seguro, suas possibilidades criativas.

- E, para completar a brincadeira, podemos deixar ao alcance da criança alguns de seus brinquedos, para que brinque com eles sobre a areia e veja as marcas que eles imprimem, ou permitir que ela invente suas próprias brincadeiras.

Será possível...

Fazê-la conhecer materiais e texturas.

• • •

Ensiná-la por meio do exemplo e da imitação.

• • •

Estimular sua expressão artística.

• • •

Melhorar a habilidade de manipulação da criança.

Variações

Se estivermos em casa, poderemos brincar com um recipiente cheio de areia. É conveniente que a área destinada à brincadeira esteja bem forrada, pois sempre cairá um pouco fora da caixa.

As duplas

(12-24 meses)

Preparamos uma coleção de fotos de animais duplicada, isto é, duas fotos iguais de cada animal.

- Colocamos todas as fotos viradas para cima sobre uma mesa ou no chão do quarto de brinquedos, bem à vista.

- Pegamos uma foto e convidamos o pequenino a procurar seu par.

- Na primeira vez, se for necessário, ensinamos como fazê-lo à criança.

- Cada vez que conseguirmos juntar um par, dizemos a ele de que animal se trata e lhe pedimos que o imite (seu modo de andar, sua voz, e assim por diante) ou nós mesmos o imitamos.

- Podemos deixar alguma foto sem par, a fim de ver como a criança reagirá ao não encontrar a dupla da foto.

- Num outro dia, podemos brincar com figuras de animais ou fotos iguais ou postais duplicados de paisagens, trens, automóveis e uma quantidade infinita de temas.

Variações

Também se pode brincar com fotos de pares de animais: macho e fêmea, ou adultos e filhotes.

Será possível...

Estimular a observação e a localização de objetos da criança.

•••

Enriquecer o vocabulário de seu filho.

•••

Estimular sua capacidade de vocalização.

•••

Ensiná-lo a classificar objetos.

•••

Desenvolver sua memória.

O tesouro escondido

Nessa faixa etária, existem muitas coisas que podem ser consideradas um tesouro: um brinquedo, um livro de desenhos, um saquinho de balas, e assim por diante. Por isso, podemos brincar de procurar esse tesouro tão estimado e, se possível, desconhecido, o que pode dar maior emoção à brincadeira.

- Amarramos, a uma das extremidades de uma corda (com cerca de cinco metros de comprimento, no mínimo), o objeto que será o tesouro a ser procurado (um boneco, um carrinho de brinquedo, uma pá de plástico, etc.).

- Escondemos o tesouro dentro de um armário, fazendo com que a corda saia dele e a passamos por debaixo de uma mesa, ao redor de alguma das pernas de uma cadeira, por cima de um sofá, etc.

- Agora dizemos à criança que na outra extremidade da corda esconde-se um fantástico tesouro, que devemos encontrar, e o convidamos a ir procurá-lo.

- Para isso, o pequenino deve desenrolar a corda dos obstáculos que encontrar pelo caminho.

- Podemos acompanhá-lo nessa fantástica aventura e, com discrição, ajudá-lo a desfazer algum embaraço que possa se formar na corda, mas deixando que ele tente desfazê-lo primeiro.

- A todo o momento, devemos animá-lo a seguir em frente e aplaudir seus avanços.

- E, aos poucos, aproximamo-nos do lugar onde se encontra o tesouro, demonstrando grande alegria ao encontrá-lo, enquanto deixamos que a criança brinque o quanto queira com ele.

Será possível...

Melhorar a percepção visual da criança.

•••

Favorecer a coordenação da percepção ocular da criança.

•••

Desenvolver sua habilidade para manipular objetos.

•••

Propiciar-lhe a exploração sensorial do ambiente ao seu redor.

Variações

Na primeira vez em que brincamos, podemos fazer com que a criança consiga o tesouro simplesmente retirando-o da corda; assim, ela relacionará a corda com o tesouro escondido no outro extremo dela e terá mais vontade de procurá-lo quando lhe propusermos que siga a corda em vez de puxá-la. Na ocasião de seu aniversário ou de alguma outra data comemorativa, esta brincadeira poderá ser uma forma diferente de lhe dar um presente.

Argila

A argila, assim como a areia ou a massinha de modelar, é um material com o qual os pequeninos se divertem bastante. É fácil conseguir um pequeno bloco de argila para que o nosso filho brinque.

- Preparamos folhas de jornal para que a criança brinque sobre eles e não manche o ambiente ao seu redor.

- Entregamos-lhe o bloco de argila úmida, enquanto lhe ensinamos a moldá-la. Se a criança já tiver brincado com argila, será mais fácil manipulá-la.

- Posicionamo-nos ao seu lado e lhe mostramos como se constroem formas bastante simples, por exemplo, de uma cobra.

- Não devemos obrigar o pequenino a fazer coisas concretas se ele não quiser, e é preciso deixar que brinque do seu jeito.

- Quando ele terminar de manipular a argila, a deixamos secar bem.

- No outro dia, ensinamos-lhe a decorá-la, por exemplo, pintando-a com pincéis e tintas não-tóxicas.

Variações

O pequenino certamente estará orgulhoso de suas criações. Podemos destinar uma pequena estante do seu quarto para guardá-las e expô-las.

Será possível...

Mostrar-lhe a textura dos materiais.

•••

Ensiná-la a perceber a solidez de objetos e de materiais.

•••

Melhorar sua habilidade de manipulação: motricidade fina e destreza manual.

•••

Favorecer o desenvolvimento de sua capacidade criativa.

(12-24 meses)

Pulinhos

As crianças dessa faixa etária já podem começar a dar alguns pulinhos se as ajudarmos um pouco. Só precisamos de um lugar um pouquinho elevado (uma escada, um caixote de madeira, uma pedra, etc.) e vontade de nos divertir.

- Ajudamos o nosso filho a subir neste lugar um pouco elevado (não mais que um palmo do chão na primeira vez e mais alto posteriormente, até uma altura adequada).

- Situamo-nos diante dele e o seguramos com ambas as mãos, com força. Contamos até três e pedimos que pule. Quando o tivermos bem seguro, o ajudamos a cair direitinho sobre seus pés.

- Como certamente ele irá gostar da brincadeira, a repetiremos, outras vezes em diferentes lugares, até que ele se canse ou queira fazer outra coisa.

Será possível...
Melhorar o controle psicomotor da criança.

•••

Fazê-la descobrir suas capacidades e limitações.

•••

Ensiná-la a manter o equilíbrio.

•••

Ajudá-la a perceber as distâncias.

•••

Aumentar o seu dinamismo.

Variações
Quando adquirir um pouco mais de agilidade, podemos deixar que ele suba sozinho no caixote, mas sempre sob a nossa atenta vigilância.

Castelos de areia

Uma das brincadeiras universais para qualquer idade envolve a areia. Certamente, nosso filho, desde bebê, já entrou em contato com ela na praia ou em algum parque infantil. Esta atividade será realizada dentro de casa. Necessitamos de um caixote com areia para que possamos brincar um pouco com ela a qualquer hora do dia, sem ter que ir à praia.

- Colocamos a areia, guardada em um saco ou caixa, dentro do recipiente, que pode ser um caixote grande, e o colocamos no chão. Podemos deixar pás, baldes ou ancinhos ao alcance da criança.

- Se for necessário, ensinamos a ela como se utilizam esses utensílios e quais possibilidades de uso ela oferece. Podemos mostrar-lhe, por exemplo, como encher um balde de areia, assentá-la bem e desenformá-la na areia para formar uma pequena torre.

- Devemos deixar que o pequenino tome a iniciativa da brincadeira, ficando ao seu lado para ajudá-lo e sugerir novas possibilidades, mas sempre respeitando a sua vontade.

- Como ele vai querer brincar mais vezes com a areia, num outro dia, poderemos facilitar a brincadeira, umedecendo a areia para que ele possa manipulá-la melhor e fazer construções de acordo com o que permitir a sua incrível imaginação: castelos, túneis, todos os tipos de estradas, desenhos diversos, etc.

- E, sem dúvida, quando formos à praia ou a um parque onde haja um tanque de areia para as crianças, levaremos os utensílios para que nosso filho brinque nele.

(12-24) meses

Será possível...

Expor a criança ao estímulo sensorial.

•••

Estimular sua habilidade de manipulação.

•••

Relaxar seu tono muscular.

•••

Ensiná-la a perceber texturas e materiais.

•••

Desenvolver nela o sentido de tato.

Variações

Ao brincar com a areia dentro de casa, corremos o risco de que ela seja derramada por toda a casa (um bom lugar para brincar com ela pode ser o quintal ou jardim, especialmente em dias ensolarados). O uso de farinha em vez de areia também é uma opção, se não tivermos areia à mão, pois, com ela, também melhoramos a sensibilidade tátil do pequenino.

A orquestra

Desde o momento em que já conseguem segurar objetos com as mãos, os pequeninos adoram criar sua própria "música".

- Quando a criança estiver sentada em uma cadeira ou no chão, entregamos-lhe uma colher e deixamos ao seu alcance diversos objetos que façam barulhos diferentes ao batermos neles.

- No começo, nós lhe ensinaremos como "tocar" esses instrumentos (por exemplo, panelas e frigideiras velhas).

- Procuramos seguir algum tipo de ritmo, variando-o de vez em quando.

- Quando a criança vir o que estamos fazendo, em seguida, ficará com vontade de nos imitar.

- Se o pequenino ou nós nos cansarmos da música, podemos mudar de atividade.

Será possível...

Controlar o tono muscular da criança (pegar e bater com força variada).

•••

Desenvolver nela o sentido de ritmo e sua relação com o movimento.

•••

Melhorar sua habilidade para manipular objetos.

•••

Aumentar a sua coordenação dinâmica geral.

Variações

Brincando o pai, a mãe e algum outro irmão com a criança, estará formada uma orquestra sensacional. Um dia, damos à criança uma colher de metal e, outro dia, uma de madeira, para ir mudando os "instrumentos". Assim, ela descobrirá materiais e sons diferentes.

O carro

Para realizar esta brincadeira, precisaremos de um cobertor de brincar ou, no lugar dele, um lençol resistente ou uma colcha macia.

- Colocamos o cobertor de brincar sobre um piso liso.

- Deixamos que a criança se sente ou se deite, de barriga para cima ou de barriga para baixo, sobre o cobertor, em uma de suas extremidades, porém, completamente dentro dele.

- Seguramos o cobertor pela extremidade que estiver mais longe da criança.

- Agora, puxamos o cobertor delicadamente e vamos deslocando-o por todo o quarto com o nosso filho sobre ele.

- E, durante o percurso, vamos mostrando-lhe os lugares pelos quais estamos passando, enquanto cantamos uma musiquinha.

Variações

Se o pai e a mãe brincarem com o filho, podem deitar o pequenino de bruços, no sentido contrário do percurso e, enquanto um puxa o cobertor, o outro vai engatinhando atrás dele. Algum outro irmãozinho um pouco maior que o pequenino (a partir de 5-6 anos) também pode participar da brincadeira. A partida deve ser dada de um modo delicado, para que a criança não perca o equilíbrio se estiver sentada.

> Quem quer passear de carro?
> Então, vem passear de carro,
> click-clack,
> abre a porta da frente,
> click-clack,
> abre a porta de trás,
> todas as portas, click-clack,
> vamos passear de carro.

Será possível...

Estimular o controle psicomotor da criança.

•••

Melhorar o seu sentido de equilíbrio.

•••

Fazê-la perceber a mudança de ambiente ao se deslocar.

•••

Perceber as diferentes velocidades de movimento.

O anel

Com um anel, podemos realizar atividades divertidas e tranquilas com o nosso filho, sempre tomando cuidado para que ele nunca fique com a posse do anel.

- Mostramos a ele nossa mão e lhe pedimos que preste muita atenção nela.

- Depois, colocamos um anel e lhe perguntamos se ele reparou em alguma coisa diferente nela em relação ao que viu antes.

- Se ele não perceber a mudança, podemos lhe dar uma pequena dica ou repetir a brincadeira desde o começo.

- Rapidamente, ele se dará conta de que colocamos um anel. Então, podemos lhe explicar o que esse anel representa e para que serve.

- Podemos repetir a brincadeira várias vezes, mudando o anel de dedo ou escondendo os dedos e pedindo que diga em qual dedo o anel está.

Será possível...

Estimular a criança a individualizar objetos.
•••
Estimulá-la a observar, localizar e identificar objetos e pessoas.
•••
Ensiná-la a reconhecer formas, objetos e pessoas.
•••
Melhorar a capacidade de observação da criança.

Variações

Uma boa variante desta brincadeira consiste em fazer com que a criança coloque e tire o anel de nosso dedo, tente colocar em seus próprios dedinhos, etc.; assim, ela vai aprendendo a manipular objetos pequenos com uma certa precisão.

(12-24) meses

Fileira de obstáculos

Para formar fileiras de obstáculos, é preciso considerar as capacidades do nosso filho e aumentar o grau de dificuldade com o tempo.

• Podemos começar a brincadeira no corredor, em um quarto de brinquedos ou em um piso de lajotas.

• Deixamos a criança em um canto do quarto ou a convidamos a atravessá-lo sem pisar nos riscos que separam as lajotas (ou pisando somente nesses riscos).

• Num outro dia, podemos colocar alguns paus no chão (por exemplo, vassouras) e fazer com que a criança caminhe entre eles sem pisá-los ou empurrá-los.

• Quando tiver mais prática, deixaremos vários brinquedos no chão entre os paus para que ela tenha que recolhê-los, enquanto vai de um lado ao outro do quarto.

• É preciso sempre encorajar a criança para que siga em frente, sem, contudo, distraí-la, pois ela precisa se concentrar muito para fazer o que lhe pedimos.

Será possível...

Ensiná-la a manter o equilíbrio ao realizar diferentes atividades dinâmicas.

•••

Melhorar a atividade de sua coordenação motora.

•••

Aumentar seu controle psicomotor.

Variações

Quando a criança já for um pouco maiorzinha, podemos preparar uma fileira de obstáculos para ela ultrapassar com os olhos vendados, sob nosso comando.

Ladeira abaixo

Se, quando estivermos num parque ou no campo, encontrarmos alguma ladeira suave no gramado ou na areia fina, que não seja muito longa, poderemos brincar de rolar com o nosso filho.

- Posicionamo-nos na parte mais alta da ladeira, com o pequenino no nosso colo.

- Depois, deitamos no chão em posição paralela à ladeira.

- Chamamos a atenção do nosso filho e nos impulsionamos para cair rolando ladeira abaixo.

- Ao lhe mostrar como foi divertida essa ação, podemos convidá-lo a nos imitar e, então, posicionamo-nos no final da ladeira para podermos pegá-lo quando ele lá chegar, sem deixar de lhe avisar que nós o pegaremos.

- Quando a criança chegar em nossas mãos, damos-lhe um beijo e fazemos cócegas nela.

- Depois, pedimos que se deite para o outro lado para descer rolando novamente.

- E se, por enquanto, ele não se atrever a rolar ladeira abaixo, podemos aproveitar a ladeira para brincar com uma bola.

Variações
Podemos fazer com que a criança se sente sobre um pedaço de papelão e se deixe levar ladeira abaixo, como se estivesse em um trenó.

Será possível...
Ajudá-la a superar o medo do desconhecido.
•••
Ensiná-la a combinar diversas formas de movimento.
•••
Propiciar-lhe experiências motoras múltiplas e inexploradas.
•••
Realizar brincadeiras dinâmicas.

A lanterna

(12-24 meses)

Com uma lanterna, podemos brincar tanto dentro de casa quanto fora, no escuro da noite.

- Sentamo-nos com o pequenino no colo, colocamos uma lanterna em suas mãos e escurecemos o quarto.

- Antes de apagar a luz, ensinamos a ele a apagar e a acender a lanterna, a mexer nela e a apontar a luz para alguns lugares do quarto.

- Já com a luz apagada, deixamos que a criança vá movendo a lanterna, ajudando-a a segurá-la firmemente.

- Vamos comentando com admiração tudo o que está a nossa volta e pedimos a ela que nos descreva o que está vendo.

- Quando ela já tiver um pouco mais de prática no manuseio da lanterna, pedimos-lhe que ilumine objetos concretos do quarto (o teto, um quadro, a janela, o berço), para que a criança se lembre o que são e onde se encontram.

- Devemos ajudá-la moderadamente e aplaudir seus acertos.

- E, quando formos viajar, podemos aproveitar para fazer um passeio noturno com a lanterna e descobrirmos o que há ao redor.

Variações
Se pedirmos à criança que ilumine a parede com a lanterna, podemos fazer sombras com as mãos, o que pode ser bastante divertido para ela.

Será possível...
Propiciar-lhe o conhecimento dos objetos.
•••
Desenvolver sua memória.
•••
Enriquecer o vocabulário da criança.
•••
Favorecer sua capacidade de observação e localização de material.
•••
Ajudá-la a superar o medo do desconhecido.

A locomotiva

Para esta brincadeira, não precisamos de qualquer material, apenas de um quarto de tamanho médio, no qual possamos nos movimentar bastante sem encontrar obstáculos.

- De pé, colocamos os pés de nosso filho sobre os nossos, fazendo com que se segure em nossas pernas.

- O pai ou a mãe segura o pequenino pelos ombros, anunciando-lhe que a locomotiva vai partir e, então, começa a andar devagar pelo quarto (ou por toda a casa), imitando o som de um trem em movimento ou cantando uma musiquinha.

- Pouco a pouco, aumentamos o ritmo e finalmente paramos quando o pequenino já estiver cansado ou a música acabar.

- Quando voltarmos a brincar, posicionaremos os pés da criança sobre os nossos, só que desta vez ele ficará de costas para nós e se prenderá às nossas pernas com seus bracinhos, enquanto o seguramos por baixo de suas axilas, firmando-o pelos ombros.

- Conforme vamos andando, podemos comentar tudo o que encontrarmos pelo caminho.

(12-24 meses)

Será possível...

Melhorar o controle da postura da criança.

•••

Ensiná-la a manter o equilíbrio quando realizar diferentes atividades.

•••

Estimulá-la a controlar o movimento.

•••

Favorecer sua criatividade psicomotora.

•••

Aumentar sua confiança nas pessoas.

Variações

Além de caminharmos com o pequenino sobre os nossos pés, esta é uma maneira excelente para iniciá-lo na dança.

Pescando "tampinhas"

Com uma caixa de papelão grande, algumas tampinhas metálicas, um pequeno ímã, barbante e um pedaço de pau, podemos preparar a atividade a seguir.

- Amarramos a corda na extremidade de um pedaço de pau pequeno e rígido.

- Amarramos o ímã na extremidade livre do barbante e, assim, teremos pronta uma ótima vara de pescar.

- Colocamos uma caixa de papelão no chão e, dentro dela, algumas tampas metálicas de cores chamativas.

- Sentamo-nos com o nosso filho no colo e lhe mostramos como se pescam as tampinhas com a vara que construímos.

- Quando o pequenino já souber como se faz, deixamos que ele mesmo pegue a vara e tente pescar.

- No começo, podemos ajudá-lo a segurar a vara, mas, quando o pequenino já tiver um pouco de prática, é preciso deixar que tente fazê-lo sozinho.

- Enquanto brincamos, podemos explicar a ele o que vamos pescar e onde ele viu peixes antes.

Será possível...

Ensiná-lo por meio do exemplo e da imitação.

•••

Favorecer sua capacidade de individualizar objetos.

•••

Estimulá-lo a persistir na conquista de objetos.

•••

Melhorar sua habilidade de manipular objetos.

Variações

Se não tivermos um ímã, podemos recortar peixes de cartolina e colocar um anel preso a eles para que possam ser pescados. E, na vara, prendemos um gancho, em vez do ímã, de ponta polida para que a criança não se machuque.

Estou vendo...

Esta atividade pode ser realizada em qualquer lugar com o qual o pequenino esteja familiarizado ou, para variar, em outro lugar.

- Sentamo-nos no chão junto ao nosso filho, depois dizemos: "Estou vendo...", e falamos o nome de algum objeto que lhe seja familiar.

- Pedimos a ele que traga esse objeto até nós, aponte-o com o dedo ou o toque com a mão. Além de objetos, também podemos nomear cores e formatos, pedindo-lhe que nos indique algum objeto que tenha essa cor ou formato.

- Depois de algum tempo, podemos inverter os papéis, e ele, então, nos informará de quais objetos deveremos nos aproximar ou reconhecer.

- Para tornar a brincadeira mais divertida, podemos inventar alguma rima ou musiquinha para a atividade ganhar um pouco de ritmo.

- Numa outra ocasião, poderemos brincar em outro quarto, a fim de termos a nossa volta outros objetos. Devemos procurar sempre não repreender a criança quando ela errar e aplaudi-la quando acertar.

Variações

Se brincarmos de "Estou vendo..." na rua ou dentro do carro, podemos pedir para que a criança nos aponte o que nomeamos. Esta é uma boa maneira de fazer com que o trajeto fique mais curto e mais divertido.

Será possível...

Enriquecer o vocabulário.

•••

Desenvolver sua memória.

•••

Estimulá-la a observar e a localizar objetos, cores, etc.

•••

Ensiná-la a explorar e a conhecer o ambiente ao seu redor.

•••

Desenvolver sua capacidade de orientação.

O primeiro carro

As caixas de papelão podem ser objetos de múltiplas atividades nesta faixa etária. Com uma caixa de papelão onde caiba o nosso pequenino, podemos preparar esta brincadeira.

- Recortamos a tampa e o fundo da caixa de papelão.

- Agora, decoramos a caixa, com a ajuda do nosso filho, como se fosse um carro. Nas laterais, pintamos as rodas e as portas e, na frente e atrás, as luzes dos para-choques.

- Depois, é só fazer um buraquinho em cada lado da caixa para que a criança possa segurá-la com facilidade.

- A criança já pode entrar no "carro", pegar a caixa pelos buraquinhos, levantá-la e correr pela casa à vontade com o seu primeiro carro.

- Temos que incentivá-la a imitar o barulho de um carro enquanto estiver andando nele, freando ou pedindo passagem.

Será possível...

Favorecer o desenvolvimento da capacidade criativa da criança.

• • •

Estimular sua expressão artística.

• • •

Ensiná-la a explorar as propriedades físicas de objetos e materiais.

• • •

Potencializar sua capacidade para imaginar e fantasiar.

• • •

Estimular sua expressão oral.

Variações

Nós, pais, podemos entrar na brincadeira com o nosso próprio "carro", feito com outra caixa de papelão decorada, e brincar de segui-los, ultrapassá-los, parar ao seu lado, etc.

(12-24 meses)

Levantar com o cobertor

Será possível...

Desenvolver a coordenação visomotora da criança.

•••

Ensiná-la por meio do exemplo e da imitação.

•••

Exercitar a motricidade rítmico-imitativa da criança.

•••

Desenvolver nela o sentido de ritmo e sua relação com o movimento.

Nós e nosso filho podemos levantar, com o cobertor, um de seus bichinhos de pelúcia.

- Deixamos o cobertorzinho no chão do quarto. Dizemos ao nosso filho que escolha um boneco e o coloque no centro do cobertor.

- Agora, solicitamos a ele que segure com força um dos lados do cobertor, enquanto fazemos o mesmo com o outro lado. Depois de contar até três, jogamos suavemente a manta para cima.

- Na primeira vez, podemos fazer uma demonstração prévia para a criança.

- O objetivo do jogo é que o boneco não caia do cobertor. Se isto acontecer, podemos exclamar, com pena: "Aaaaah!", e pedir à criança que o recolha e torne a colocá-lo no mesmo lugar.

- Quando o pequenino tiver alguma prática, podemos jogar para cima com mais força, mas não tão forte a ponto de ele soltar o cobertor.

Variações

Em vez de brincar com um bicho de pelúcia, podemos usar uma bola, fazendo-a pular sobre o cobertor. Se a criança precisar se esforçar muito para levantar o cobertor, um de nós poderá ajudá-la.

O carrossel

Esta atividade, que costuma encantar os pequeninos, pode ser praticada em qualquer lugar que seja um pouco amplo e não requer material algum.

- Devemos nos posicionar no centro do quarto, certificando-nos de que não há qualquer objeto ou móvel ao redor (mesa, cadeiras, etc.) que possa atrapalhar a brincadeira.

- A criança fica junto a nós, frente a frente.

- Seguramos muito bem a criança pelos braços e lhe fazemos dar duas ou três voltas pelo ar ao nosso redor, girando-a enquanto imitamos o som de um avião ou cantamos alguma musiquinha para ela.

- Não devemos girar muito depressa, especialmente no começo, para não assustá-la ou enjoá-la.

- É bem provável que ela nos peça para repetir a brincadeira várias vezes, mas, se ela não gostar, deixamos a brincadeira para outra ocasião.

- E nunca devemos obrigá-la a ser um "piloto" contra a sua vontade.

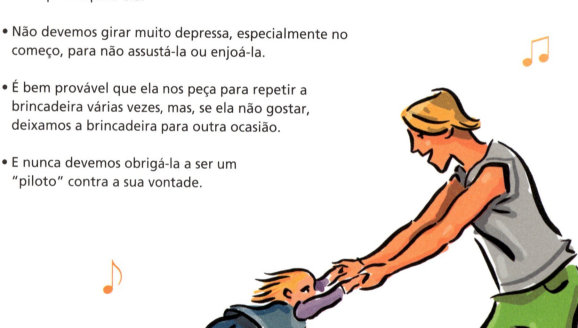

Variações
Em algumas das voltas, podemos fazer com que a criança "voe" a diferentes alturas.

Será possível...

Favorecer experiências motoras múltiplas da criança.

•••

Fazê-la descobrir suas capacidades e limitações.

•••

Ensiná-la a confiar nas outras pessoas.

•••

Realizar atividades em conjunto.

•••

Estimulá-la a participar de brincadeiras dinâmicas.

As roupas

Com um pedaço de papel pardo grande o suficiente para desenharmos a silhueta de uma pessoa do tamanho real, podemos preparar mais esta brincadeira.

- Desenhamos o contorno do corpo do pai ou da mãe no papel pardo. Esta tarefa pode ser realizada pelo nosso filho, basta deixarmos o papel pardo no chão e um de nós deitar sobre ele com os braços e pernas entreabertos e esticados.

- Depois que estiver pronto o contorno, deixamos o papel pardo no chão, perto do armário de roupas.

- Agora, convidamos o pequenino a nos ajudar a vestir o boneco desenhado.

- Escolhemos algumas peças de roupa de dentro do armário e deixamos que a criança as coloque sobre a silhueta. Se for necessário, a ajudamos com moderação.

- E, em outra ocasião, repetimos a brincadeira, só que agora a silhueta desenhada será a do nosso filho, e pedimos para que ele nos entregue diferentes peças de roupa, nomeando-as. Ele deverá buscá-las no armário.

Será possível...

Propiciar-lhe o reconhecimento das diferentes partes do corpo.

•••

Desenvolver a capacidade de organização da criança: colocar as coisas em ordem.

•••

Estimular sua capacidade de observação e de localização de material.

•••

Desenvolver a memória do pequenino.

Variações

Pode-se realizar uma brincadeira parecida com uma silhueta menor e roupas de papelão recortadas do tamanho da silhueta desenhada. Esta roupa pode ser decorada pela criança como ela preferir.

A colagem

(12-24 meses)

Antes de realizar esta brincadeira, devemos juntar todos os tipos de papel ou cartolina que tivermos à mão: jornais, revistas, cartolinas de diversas cores e tamanhos, cartões postais, pedaços de papel de presente, papel de carta, etc. Com cola atóxica e todo esse material, em uma cartolina grande, podemos fazer uma colagem bem bonita.

- Colocamos a cartolina grande bem esticada no chão ou em cima da mesa. Se estiver enrolada, colocamos pesos em suas pontas para que fique esticada.

- Pegamos os pedaços de papel e cartolina que juntamos (figuras de revistas, jornais, papéis coloridos rasgados, etc.), aplicamos um pouco de cola na parte de trás deles e os entregamos à criança.

- A criança deve ir pregando os papéis sobre a cartolina maior, a seu gosto.

- No começo, seremos nós quem lhe entregará os pedaços de papel, mas, depois, deixaremos que ele nos peça aqueles de que necessite para completar sua primeira colagem.

- E, quando tiver terminado, se ele quiser, poderemos pregar o trabalho em um lugar bem visível de seu quarto para que ele possa admirar sua obra de arte.

Será possível...
Melhorar a habilidade de manipulação da criança.
•••
Estimular sua coordenação óculo-manual.
•••
Favorecer o desenvolvimento da sua capacidade criativa.
•••
Estimular sua expressão artística.

Variações
Podemos preparar uma colagem só com fotos de um tema de que a criança goste (animais, carros, trens, aviões ou o quer que seja). Esta é uma atividade que pode ser realizada com um irmãozinho mais velho.

*Rato que te apanha o gato.
Rato que vai te apanhar.
Rato se meteu num poço.
Gato não vai te encontrar.*

Meus animais

Podemos usar um quarto amplo ou ficar ao ar livre, onde não haja obstáculos no chão, e colocar a criança sentada no centro.

- Entramos no quarto engatinhando, cumprimentando o nosso filho, e começamos a nos movimentar em círculos ao seu redor. Certamente, ele nos olhará um pouco surpreso ao nos ver fazer isso.

- Enquanto engatinhamos, anunciamos que somos algum animal que ele conheça, por exemplo, um cachorro ou gato, e imitamos os barulhos e movimentos característicos desse animal. Depois, convidamos a criança para que nos imite, acompanhando-nos.

- Não devemos nos mover muito depressa para que a criança possa nos acompanhar com facilidade. Podemos acabar a brincadeira correndo atrás do nosso filho pelo quarto e, quando o alcançarmos, fazemos cócegas nele ou lhe damos beijos, como se estivéssemos comendo-o.

Será possível...
Estimular sua orientação espacial e a exploração do ambiente ao seu redor.
•••
Favorecer a capacidade de localização e identificação de sons.
•••
Ajudá-la a perceber a mudança de ambientes ao se movimentar.
•••
Melhorar sua coordenação ao se deslocar.

Variações
Primeiro, podem brincar o pai e a mãe juntos ou um outro irmãozinho um pouco mais velho, um correndo atrás do outro, perto do pequenino, o que seguramente o animará a entrar na brincadeira. Além disso, enquanto durar a perseguição, podemos cantar uma música.

(12-24) meses

Mostre-me

Agora que o nosso filho já começa a se familiarizar com o uso dos livros, vamos passar bons momentos com a brincadeira do "mostre-me".

- Começamos a olhar um livro com o nosso filho e nos detemos em uma ilustração qualquer para comentá-la e para que ele nos dê a sua opinião a respeito dela.

- Podemos pedir-lhe que nos aponte um objeto, pessoa ou animal que esteja nesse desenho.

- Logo, ele nos apontará o que lhe tivermos pedido.

- Depois que ele fizer isso corretamente, pode ser ele quem nos peça a mesma coisa.

- Assim, revezamo-nos na brincadeira, enquanto vamos folheando as páginas do livro.

Será possível...
Favorecer a capacidade de observação, localização e identificação de objetos e pessoas.

•••

Contribuir para o seu desenvolvimento linguístico e enriquecer o seu vocabulário.

•••

Melhorar sua capacidade de observação.

Variações
Podemos comentar elementos novos da figura que a criança ainda não conheça, dizer a ela o que são, o seu nome, para que servem, do que são feitos, etc., ou deixar que ele nos pergunte o que quiser saber.

Boa pontaria

Para esta brincadeira, precisamos de alguns carrinhos de brinquedo que andem bem e também de uma superfície lisa e inclinada. Podemos realizá-la ao ar livre ou montar uma rampa em casa com uma tábua apoiada na borda de um caixote de madeira ou de algum móvel baixo.

- Posicionamos um ou vários objetos (garrafa de plástico, embalagem Tetra Pak, etc.) que possam ser derrubados ou golpeados no pé da rampa.

- Entregamos ao nosso filho um dos carrinhos e o convidamos a lançá-lo de cima da rampa para tentar acertar a pontaria e, assim, derrubar o objeto (ou objetos) que estiver lá embaixo. Os carrinhos devem ser resistentes aos golpes.

- Se ele não souber como fazê-lo, podemos arremessar o carrinho primeiro para que o pequenino veja. Certamente, ele se entusiasmará com a brincadeira e vai querer repeti-la milhares de vezes.

- Quando tiver derrubado todos os brinquedos, devemos recolhê-los e recolocá-los com a ajuda da criança.

Será possível...

Estimulá-la a reconhecer causa e efeito.

•••

Melhorar sua habilidade para a manipulação de objetos.

•••

Estimular sua capacidade de pegar e recolher.

•••

Desenvolver a capacidade de imitar movimentos da criança.

•••

Ajudá-la a expressar suas emoções.

Variações

Em vez de carrinhos de brinquedo, também podemos utilizar bolinhas e tentar jogá-las contra vários objetos colocados no chão, a uma certa distância da rampa, como se fossem peças de boliche.

(12-24 meses)

O sino

Com um saco de papel, uma corda ou um pedaço de pau, podemos passar bons momentos brincando com o nosso filho, de um modo simples e divertido.

- Enchemos o saco de papel com objetos leves, dos quais a criança goste (balões murchos, balas, confetes, etc.), e o penduramos com uma corda ou com um barbante em qualquer lugar, desde que esteja ao alcance do nosso pequenino.

- Entregamos-lhe um pedaço de pau ou bastão, pequeno e leve, comprido o suficiente para que ele possa bater no saco de papel.

- Depois, pedimos-lhe para que bata no saco de papel como se fosse um sino. Nas primeiras vezes, ensinamos-lhe como proceder e o ajudamos um pouco até que adquira prática.

- Se não amarrarmos a corda com força, o saco cairá antes de ser golpeado várias vezes, para alegria de nosso filho.

- Então, deixamos que ele remexa entre os objetos que estavam dentro do saco e que brinque com eles o tempo que quiser.

- Quando a criança tiver prática nessa brincadeira, podemos complicá-la um pouco, fazendo com que o saco de papel balance enquanto ele tenta acertá-lo com o pedaço de pau.

Será possível...

Desenvolver sua capacidade de individualização de objetos.
•••
Favorecer sua coordenação óculo-manual.
•••
Aumentar o dinamismo da criança.
•••
Exercitar sua agilidade, equilíbrio e motricidade.
•••
Estimular a percepção visual da criança.

Variações
Esta brincadeira é ideal para ser realizada no dia da festa de aniversário, por exemplo, com os amiguinhos do nosso filho. Podem ser formadas equipes que golpearão, uma de cada vez, o saco de papel, sempre procurando evitar que alguém se machuque.

O despertador

Para realizar esta brincadeira, precisamos de um despertador infantil que faça um barulho divertido. Pode ser mais divertido ainda se o despertador tiver o formato de algum personagem que o nosso filho conheça.

- Na sala de estar de casa, mostramos o despertador à criança. Deixamos que escute o seu tique-taque característico e fazemos com que o seu alarme toque.

- Então, explicamos a ela que vamos escondê-lo no seu quarto e que brincaremos de ir procurá-lo.

- Escondemos o despertador atrás de algum móvel, sempre ao alcance da criança e um pouco à sua vista, preparando-o para que comece a tocar dentro de três a cinco minutos.

- Quando autorizarmos, a criança poderá começar a procurar o despertador, guiando-se pelo barulho que ele faz e tratando de encontrá-lo.

- Se for necessário, no começo, podemos lhe dar dicas, como dizer "quente", se ele estiver perto, ou "frio", se estiver longe de onde escondemos o despertador.

- Quando a criança já tiver um pouco de prática na brincadeira, e se não tiver medo, podemos brincar no escuro, procurando eliminar todos os obstáculos e deixando o despertador no chão. Desta maneira, o pequenino só poderá se guiar pelo barulho.

- Outra possibilidade é deixar que a criança esconda o despertador para que nós o procuremos com os olhos vendados, de forma que ela será a responsável por nos guiar até ele.

- E, para incentivá-la, quando estiver procurando o despertador, podemos engatinhar ou andar com ela pelo quarto, demonstrando alegria quando encontrarmos o despertador.

(12-24 meses)

Será possível...
Ensiná-la a localizar e a identificar os sons.
•••
Aumentar sua discriminação auditiva.
•••
Ajudá-la a superar o medo diante do desconhecido.
•••
Fazê-la apreciar as diversas dimensões ao se deslocar.

Variações

Para variar esta brincadeira, podemos colocar o despertador no chão ou em algum lugar visível, mostrá-lo ao pequenino, que estará a alguns poucos metros dele, e lhe pedir que feche os olhinhos e vá buscá-lo. Com o tempo, quando ele já tiver um pouco de prática, podemos colocar o despertador um pouco mais longe, em cima de alguma mesa, sobre a prateleira de um armário, etc.

A figura misteriosa

Para realizar esta brincadeira, bastam algumas fotos de animais ou pessoas conhecidas (que podemos retirar de revistas ou de nosso álbum) e algumas tiras de papel.

- Escolhemos algumas fotos (não mais de 8 ou 10), nas quais só haja um objeto, animal ou pessoa, que o nosso filho conheça perfeitamente.

- Para começar, mostramos a primeira foto para ver se ele é capaz de identificá-la e, em seguida, as demais, comentando o que tem em cada uma delas.

- Quando terminarmos, voltamos a observá-las, porém, da seguinte maneira: com uma tira de papel, tampamos uma parte da fotografia, de forma que a parte descoberta seja suficiente para identificá-la.

- Se a criança não conseguir identificar o que é, podemos ajudá-la um pouco, revelando mais um pedacinho da fotografia.

- Também podemos ajudá-lo com perguntas, chamando sua atenção para o que estiver visível, dando-lhe uma pequena dica, etc.

- De um dia para o outro, podemos, para variar, trocar as fotos, assim o pequenino poderá observar coisas diferentes.

- Sempre devemos parabenizá-lo pelos seus acertos e não dar importância aos seus erros, e sim incentivá-lo a dar a resposta correta naturalmente.

- E, se percebermos que ele se cansou da brincadeira, mudamos de atividade e continuamos essa um outro dia.

(12-24 meses)

Será possível...

Desenvolver a capacidade de observação da criança.

•••

Facilitar sua percepção espacial.

•••

Desenvolver sua capacidade de classificação.

•••

Desenvolver sua memória.

•••

Ensiná-la a reconhecer formas e objetos.

Variações

Também podemos fazer vários álbuns de fotos: um da criança, outro da família, outro de animais conhecidos, outro de lugares visitados, etc. Se a criança quiser, podemos ajudá-la a recortar e colar fotos de revistas para que ela mesma faça o seu próprio álbum ou que o faça com um irmãozinho mais velho, primo ou amigo.

Dar a volta

Com alguns recipientes de plástico, tampas de rosca de diversos tamanhos e vários objetos pequenos, que poderemos colocar e retirar facilmente de dentro deles, podemos organizar a seguinte atividade.

- Colocamo-nos no quarto de brincar com o nosso filho.

- Posicionamo-nos junto a ele e lhe entregamos vários recipientes de plástico, não muito grandes e com a tampa de rosca colocada, sem apertá-la demais, para que seja fácil de abri-la.

- Agora, convidamos a criança a abrir os recipientes e colocar dentro deles pequenos objetos que tivermos à mão. Se for necessário, mostraremos a ela como esses recipientes de tampa de rosca devem ser abertos e ficaremos atentos para ajudá-lo se ele nos pedir ajuda.

- Uma vez que os recipientes estiverem cheios e bem fechados novamente, podemos fazer o contrário: abrir e tirar o que estiver lá dentro.

- Para dificultar um pouco mais a brincadeira, podemos colocar alguns recipientes virados para baixo para que a criança perceba que deve virá-los antes de abri-los e que os vire.

Será possível...

Estimular a habilidade da criança para manipular objetos.

•••

Estimular sua capacidade de pegar e recolher.

•••

Desenvolver sua capacidade de observação atenta e rápida.

•••

Ajudá-la a se acostumar com a realização de tarefas cotidianas.

Variações

Podemos brincar com recipientes de plástico que não sejam transparentes e esconder, dentro deles, uma surpresinha para o nosso filho (como uma guloseima, um brinquedinho, etc.).

O terceiro ano

De 24 a 36 meses

A criança, do seu segundo aniversário até os três anos:
- anda, corre, pula, dança, joga bola e imita ações mais complexas;
- roda e se balança;
- pula sobre um pé só com ajuda;
- revela se é destro ou canhoto;
- gosta de fazer as coisas "do seu jeito";
- expressa sentimentos de amor e raiva;
- continua dizendo "não" com frequência;
- usa o nome das coisas para se referir a elas;
- diverte-se brincando com outras crianças, mesmo que não goste de compartilhar seus brinquedos;
- pendura-se nas coisas se o segurarmos pela mão;
- anda na ponta dos pés e é capaz de andar de costas;
- consegue andar em um triciclo pequeno;
- começa a controlar a bexiga e as evacuações durante o dia;
- veste-se e se despe sozinho; e
- entende instruções simples e combina várias palavras.

Passe-me a bexiga!

Só precisamos de uma bexiga média, que a criança possa segurar facilmente com ambas as mãos.

- Sentamo-nos em frente ao pequenino, separados por alguns metros.

- Enchemos a bexiga e a amarramos para que o ar não saia.

- Levantamos a bexiga e a passamos para a criança, rolando-a pelo chão.

- Pedimos a ela que nos devolva a bexiga do mesmo modo, demonstrando alegria quando ela conseguir fazê-lo.

- Podemos complicar um pouco a brincadeira, se passarmos a bexiga com uma mão só, dando um pulinho ou de outras maneiras.

- Com o tempo, podemos ficar a uma distância maior dele e comprovar que o pequenino está se saindo cada vez melhor.

Será possível...

Desenvolver a habilidade de manipulação da criança.

•••

Estimular sua coordenação visomotora.

•••

Melhorar a motricidade de suas extremidades superiores.

•••

Desenvolver sua habilidade para arremessar e receber.

Variações

O pequenino pode brincar com o pai e a mãe juntos, mas, neste caso, a bexiga será passada de um para ou outro em forma de "triângulo", sem seguir uma ordem determinada. Outra alternativa é que ele brinque com algum amiguinho, cada um com uma bexiga, e que joguem o brinquedo um para o outro dentro de seu ritmo.

(24-36 meses)

O que você está ouvindo?

Podemos aproveitar um dia no parque para realizar esta brincadeira tranquila e divertida.

- Se estivermos no campo ou à beira-mar e escutarmos o canto de um pássaro, o motor de um carro ou de avião, o barulho da água ou do vento, etc., pedimos ao nosso filho que identifique esses barulhos.

- O barulho escolhido deve ter uma duração determinada para que o pequenino possa ouvi-lo e identificá-lo claramente. Podemos contar os acertos e parabenizá-lo: "Muito bem!".

- Depois, pode ser que ele nos peça para reconhecer um barulho que tenha escutado. Também devemos observar os nossos acertos.

- Podemos continuar brincando até que um dos dois chegue a um número de acertos determinado.

Será possível...
Afinar o sentido da audição.
•••
Ensiná-la a interpretar sinais auditivos.
•••
Desenvolver a memória auditiva.
•••
Estimular sua percepção auditiva.
•••
Favorecer o relaxamento do seu tono muscular.

Variações
Mesmo que fique um pouco mais complicado, também podemos identificar odores. Temos a opção de nos aproximarmos para observar e examinar detalhadamente de onde vem o som ou o odor. Também podemos, nós mesmos, fazer os sons em casa ou andando pela rua, como na brincadeira do "Estou vendo...", mas na versão auditiva.

O efeito dominó

Todas as crianças nesta idade adoram brincar de construções, tanto fazê-las quanto derrubá-las. Nosso filho pode passar um bom tempo, por exemplo, com as peças do dominó.

• Podemos brincar tanto no chão quanto em cima da mesa.

• Entregamos as peças para que ele faça construções e brinque com elas.

• Como sempre, se for necessário, fazemos uma pequena demonstração do que pode ser realizado com as peças e, depois, damos a ele total liberdade para brincar.

• Ensinamos-lhe a colocar as peças "de pé", uma ao lado da outra, para que, quando dermos uma pancadinha na primeira, as demais comecem a cair, causando o chamado "efeito dominó".

• Nosso filho deve tentar fazê-lo sozinho quantas vezes quiser e, com a nossa ajuda, poderá tentar enfileirar peças de diferentes formatos e até mesmo figuras.

(24-36 meses)

Será possível...

Favorecer a sensibilidade tátil da criança.

•••

Propiciar-lhe a aquisição de destreza e firmeza na coordenação visomotora em movimentos de precisão.

•••

Inventar brincadeiras de construção criativas.

•••

Estimulá-la a persistir para conquistar o que deseja.

Variações

Se for necessário, pode-se brincar com vários jogos de dominó para fazer construções maiores, mas é conveniente começar com poucas peças e aumentar a quantidade aos poucos.

A sombra

Se fizer um dia de sol e estivermos em um lugar aberto e tranquilo, podemos pôr em prática a seguinte brincadeira de imitação.

- Posicionamo-nos ao lado da criança em um lugar ensolarado, de forma que ambos fiquem de costas para o sol.

- Pedimos a ela para que imite nossos movimentos olhando somente para a nossa sombra.

- Podemos levantar um braço, agitá-lo, andar de um lado ao outro, levantar uma perna, dar um pulo, etc.

- Começamos com movimentos fáceis de identificar e, aos poucos, vamos tornando-os mais complexos.

- E, para terminar, podemos inverter os papéis e imitar os movimentos que nosso filho estiver fazendo.

Será possível...

Ajudá-la a tomar consciência do próprio corpo.

•••

Melhorar o controle da postura e o domínio da lateralidade da criança.

•••

Ensiná-la a reconhecer imagens.

•••

Desenvolver sua habilidade para observar e imitar posturas e movimentos.

Variações

Também podemos brincar, da mesma forma, no quintal da nossa casa ou em um quarto bem iluminado; ou, ainda, podemos desenhar a silhueta humana diretamente no piso ou em uma folha de papel grande; também podemos desenhar só o rosto, falando e escrevendo o nome de suas partes.

(24-36 meses)

Bolinhas

Uma bola, de qualquer tamanho, pode ser fonte de mil e uma brincadeiras, podemos até emendar uma na outra.

- Com uma bola de tamanho médio, podemos realizar várias brincadeiras.

- Para começar, nos sentamos no chão, em frente ao nosso filho, um em cada lado de uma mesa retangular, e vamos jogando a bola com delicadeza, sem tirá-la do chão, procurando passá-la por baixo do "túnel" que as pernas da mesa formam, mas sem bater nelas.

- Passamos a bola por baixo da mesa, de modo que vá dando pequenos pulos.

- Depois, para complicar um pouco a brincadeira, faremos outro "túnel" com três cadeiras e também passamos a bola por baixo delas.

- Para terminar, colocamos uma garrafa de plástico vazia a alguns metros de distância e brincamos de derrubá-la com a bola rolando pelo chão.

Variações

Podemos incluir penalidades na brincadeira (por exemplo, caso alguém tocar na perna de alguma cadeira com a bola), mudar de brincadeira quando se atingir um determinado número de penalidades ou apostar quem conseguirá o maior número consecutivo de passes sem errar. Esta alternativa pode ser realizada depois de outra brincadeira com a bola; é interessante emendar uma versão à outra.

Será possível...

Melhorar a habilidade de arremessamento da criança.

•••

Ensiná-la a controlar a força (tono muscular).

•••

Fazê-la perceber os espaços entre os objetos que a rodeiam.

•••

Ajudá-la a ter noção de distância.

Girar a folha

Vamos pôr em prática uma brincadeira com uma folha. Quanto mais colorida for a folha, mais espetacular será o resultado.

- Procuramos, com a ajuda do nosso filho, uma folha com haste, de preferência de cores vivas (o outono é um bom momento, pois muitas árvores perdem suas folhas).

- Seguramos a folha pela haste, entre os dedos polegar, indicador e médio da nossa mão.

- Movemos os dedos para a folha girar rapidamente, mostrando à criança o efeito curioso que esse movimento produz.

- Agora, entregamos a ela uma folha e lhe ensinamos a fazê-la girar.

- E, como sempre, procuramos fazer o movimento com uma mão de cada vez, para estimular o emprego de ambas.

Variações
Também podemos realizar esta atividade com uma pluma de ave bem grande e de cores vistosas.

Será possível...
Melhorar a habilidade de manipulação e a sensibilidade tátil da criança.

•••

Ajudá-la a adquirir destreza e firmeza na coordenação visomotora em movimentos de precisão.

•••

Ensiná-la por meio do exemplo e da imitação.

•••

Desenvolver sua motricidade fina.

A ponte

(24-36 meses)

Se, em algum passeio, encontrarmos um rio e uma ponte, podemos aproveitar para nos divertirmos um pouco.

- Recolhemos todos os tipos de objetos naturais, será melhor se eles forem de madeira, pois flutuam, e nos posicionamos no meio de uma ponte de pedestres, para ficarmos mais tranquilos.

- De um dos lados da ponte, olhamos para a água e deixamos cair um ramo de alguma planta.

- Em seguida, vamos correndo para o outro lado para ver como o nosso ramo vai por água abaixo.

- Se houver pedras no rio pontuando a superfície da água, podemos brincar de atirar ramos de plantas de forma que eles passem o mais perto possível de uma pedra grande.

- Brincamos assim até que terminem nossos ramos de plantas.

Será possível...

Exercitar a percepção visual da criança.

•••

Ajudá-la a adquirir noção de distância.

•••

Estimulá-la a conhecer o ambiente ao seu redor.

•••

Melhorar sua coordenação motora.

Variações

Se deixarmos as pedrinhas de diferentes tamanhos caírem na água, o pequenino se divertirá vendo como elas fazem respingar a água e com o barulho produzido pelo impacto.

O mundo das bexigas

Agora que a criança já começa a saber como se assopra, podemos preparar uma brincadeira com bexigas.

- Pegamos a bexiga e a entregamos ao pequenino para que ele a encha. Uma vez bem cheia, damos um nó para que o ar não escape.

- A criança deve ficar em uma das pontas de uma mesa retangular, e nós, na outra.

- Deixamos a bexiga no centro da mesa e, depois do sinal combinado, começamos a soprá-la, tentando empurrá-la para o outro lado da mesa.

- Não devemos abusar da nossa força física, a criança é quem deve tomar a iniciativa.

- Quando a bexiga cair no chão, podemos realizar outra brincadeira se ainda tivermos disposição e vontade, agora que já temos um pouco de prática.

- Para isso, enchemos outra bexiga de características semelhantes à anterior.

- Marcamos uma linha de partida no chão e, a cerca de 4 ou 5 metros, outra de chegada.

- Ficamos "de quatro" com a bexiga na linha de partida e, depois do sinal, a empurramos com o nariz até que ela passe da linha de chegada.

- Quem chegar primeiro ganha três "vivas!".

(24-36 meses)

Variações

Na segunda parte da brincadeira, também podemos soprar a bexiga até que ela alcance a linha de chegada. É bom procurar uma superfície que não seja reta e tenha algum obstáculo para ser ultrapassado. Nesta segunda parte da brincadeira, um outro irmãozinho, ou a mãe ou o pai, pode participar e, se o número de participantes for par, pode-se formar duplas.

Será possível...

Melhorar o controle da boca e da respiração da criança.

• • •

Ensiná-la a coordenar a respiração enquanto se movimenta.

• • •

Exercitar a percepção visual da criança.

• • •

Ensiná-la a antecipar situações.

O objeto fantasma

Esta brincadeira aproveita a capacidade de imitar e a imaginação de nosso filho.

- Para começar, dizemos ao pequenino que ele vai nos imitar.

- Na primeira vez, podemos fingir, por exemplo, que estamos bebendo um copo d'água, e fazemos os gestos próprios desta ação, mas sem o copo: "Estou bebendo água, e você?".

- Depois, ele deve nos imitar. Então, reafirmamos como ele imita direitinho.

- Podemos também reproduzir diversas ações cotidianas (escovar os dentes, tomar uma sopa, arremessar um objeto, trocar de roupa, etc.) imitadas em seguida pela criança.

- De vez em quando, deixamos que ela tome a iniciativa da ação que, logo depois, nós imitaremos.

Será possível...

Estimular a criatividade e a coordenação dinâmica geral da criança.

•••

Desenvolver sua memória.

•••

Melhorar sua habilidade para observar e imitar posturas e movimentos.

•••

Ensiná-la por meio do exemplo e da imitação.

Variações
Também podemos brincar de imitar o que o outro faz: gestos, movimentos, etc.

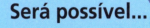

O armário

Se tivermos que guardar as roupas, podemos aproveitar a ocasião para que o nosso filho nos acompanhe nessa tarefa doméstica.

Será possível...
Ensiná-la a reconhecer as partes do corpo.
•••
Desenvolver a capacidade de classificação da criança.
•••
Estimulá-la a conhecer objetos, texturas e cores.
•••
Enriquecer seu vocabulário e desenvolver sua memória.

- Deixamos a roupa limpa e seca amontoada sobre uma mesa ou no chão.

- Sentamo-nos junto ao pequenino com a roupa a nossa frente.

- Agora, em um ambiente descontraído, vamos pegando peça por peça e pedindo à criança que nos diga de quem é aquela roupa: do papai, da mamãe ou dela, enquanto vamos lhe dando as coordenadas.

- Quando a roupa de cada um estiver separada em montes diferentes, lhe pedimos para que nos ajude a separar a roupa de cada monte agora por tipos de peças, tamanhos ou cores.

- E, então, vamos colocando-a na parte do armário correspondente. Assim, o pequenino passará um bom momento enquanto nos ajuda um pouco e aprende algumas coisas de um modo divertido.

Variações
Enquanto manipulamos a roupa, podemos ir dizendo à criança os nomes das peças para que ela vá se familiarizando com elas.

Coloridos

Embora esta brincadeira possa ser realizada em qualquer lugar, é uma ocasião excelente para explorar uma área ao ar livre.

- Andando sempre ao lado do nosso filho, observamos o ambiente ao nosso redor.

- Anunciamos uma cor e ele terá que nos apontar tudo o que estiver vendo dessa cor (um objeto, uma planta, uma pedra, etc.).

- Examinamos sempre muito bem de perto o que ele nos apontar e comentamos com ele as qualidades ou características (o que é, possível utilidade, etc.).

- Em vez de lhe dizer o nome de uma cor, podemos pedir para ele procurar algo da mesma cor da sua blusa, por exemplo, ou agrupar objetos por cores.

- Agora, pode ser que a criança queira que procuremos algum objeto da cor que ela escolher.

Será possível...

Ensiná-la o reconhecer as cores.

•••

Ajudá-la a explorar o ambiente ao seu redor.

•••

Enriquecer seu vocabulário.

•••

Exercitar sua capacidade de observação.

Variações

Se participarem mais de dois jogadores (o pai, a mãe e a criança, inclusive algum outro irmãozinho), podemos variar a brincadeira procurando objetos por pares ou tentando encontrar o maior número possível desses objetos, em um curto espaço de tempo.

(24-36 meses)

O naufrágio

Vamos aproveitar a hora do banho para brincar um pouco com alguns objetos pequenos que flutuem e outros que não flutuem.

- Enquanto damos banho em nosso filho, deixamos vários objetos pequenos na água, alguns que flutuam e outros que não flutuam.

- Quando deixarmos algum objeto que afunde, dizemos ao pequenino que esse barquinho naufragou e o convidamos a resgatá-lo.

- Ele, rapidamente, tratará de pegá-lo mergulhando as mãos no fundo da banheira.

- Quando conseguir trazê-lo até a superfície, demonstraremos muita alegria e o parabenizaremos pelo feito.

- Podemos deixar que ele mesmo jogue os objetos na água, resgate aqueles que quiser e brinque à vontade com os que flutuarem. Devemos sempre incentivá-lo, mas sem interferir mais do que o necessário nas suas iniciativas.

Será possível...

Desenvolver o sentido do tato da criança.

•••

Fazê-la descobrir as propriedades físicas de objetos e materiais.

•••

Ensiná-la a observar e a localizar objetos na água.

•••

Ajudá-la a adquirir noção de distância.

Variações

Também podemos realizar esta atividade em uma piscina pequena, mas ao menos um de nós deverá estar lá dentro para ajudar a criança.

Números pequenos

Agora é um ótimo momento para começar a brincar com números, assim o nosso filho se habituará a eles e logo saberá reconhecê-los com naturalidade e destreza.

• Junto ao pequenino, pedimos-lhe que siga nossas instruções.

• Primeiro, pedimos-lhe que nos mostre uma mãozinha; depois, duas mãozinhas; em seguida, que nos aponte um olho, duas pernas, etc., sempre brincando com as partes do corpo.

• Pouco a pouco, complicamos a atividade e pedimos-lhe que reconheça números maiores (até cinco), brincando com os dedos das mãos e dos pés.

• Depois, podemos pedir-lhe para agrupar brinquedos pequenos, de dois em dois, de três em três e assim sucessivamente.

• E, se tivermos à mão algum boneco de que ele goste, podemos dizer que lhe dê um número determinado de biscoitinhos, pedrinhas ou o que tivermos ali no momento.

• Convém reforçar constantemente os conhecimentos da criança, pedindo-lhe, sempre que possível, certo número de coisas: por exemplo, que nos dê dois guardanapos ou três colheres, enquanto nos ajuda a pôr a mesa.

• Assim, a criança vai se habituando com os números dia a dia, e será mais fácil para ela estudá-los futuramente.

(24-36 meses)

Será possível...

Ajudá-la a desenvolver a noção de quantidade.

•••

Favorecer sua capacidade de individualização e classificação de objetos.

•••

Motivá-la a estabelecer vínculos e relações afetivas.

•••

Estimulá-la a conhecer seu próprio corpo.

Variações

Também podemos brincar de construir figuras planas com um número determinado de palitos. Assim, podemos pedir para a criança que construa o maior número de formas possíveis com três, quatro ou cinco palitos.

Os chapéus

Se tivermos alguns chapéus ou bonés em casa, podemos brincar de esconder um objeto e pedir ao nosso filho que o procure.

- Colocamos uma fileira de chapéus e/ou bonés no chão e deixamos que o nosso filho se sente diante dela.

- Sem que ele veja, escondemos um brinquedinho debaixo de um deles. Em seguida, o convidamos a ir levantando cada um até que encontre o brinquedo.

- Se a criança não perceber o objetivo da brincadeira, podemos fazer uma pequena demonstração e, logo a seguir, ela vai querer fazer parte da brincadeira.

- Quando a criança já tiver um pouco de prática, podemos ensiná-la a colocar o brinquedo debaixo de um dos chapéus para que o procuremos; se errarmos propositalmente de vez em quando, nosso filho se divertirá muito.

Será possível...

Melhorar sua capacidade para antecipar situações.

•••

Fazer a criança exercitar a percepção visual de objetos e pessoas.

•••

Ensiná-la a controlar corretamente a força (tono muscular).

•••

Aprimorar sua capacidade de pegar e recolher.

Variações

Se não tivermos chapéus ou bonés em casa, podemos realizar esta mesma brincadeira com botas, caixas ou qualquer objeto que servir para esconder o

A passagem secreta

(24-36 meses)

Para esta brincadeira, é necessário uma bola de plástico de uns 15 ou 20 centímetros de diâmetro e um quarto amplo e sem obstáculos ou uma área ao ar livre.

- Ficamos de pé, com as pernas bem abertas, de modo que a criança possa passar tranquilamente entre elas.

- Agora, o pequenino deve passar por baixo de nossas pernas levando a bola de plástico (ou borracha) nas mãos ou empurrando-a delicadamente.

Será possível...

Fazer a criança exercitar a percepção visual de objetos.

•••

Propiciar-lhe a aquisição de destreza e firmeza na percepção ocular em movimentos de precisão.

•••

Desenvolver sua capacidade de concentração.

•••

Estimular a rapidez de reação da criança.

- Também pode arremessar a bola por debaixo de nós e ir buscá-la, passando pelo corredor que as nossas pernas formam.

- Depois, podemos fazer com que ele acompanhe ou chute a bola para fazê-la passar para o outro lado das nossas pernas.

- E, como sempre, aplaudimos os progressos da criança e seus acertos, incentivando-a a repetir a ação, caso não se saia bem na primeira vez que tentar.

Variações

Quando a criança tiver um pouquinho mais de destreza, podemos fazer com que ela vá "engatinhando" e empurrando a bola com a cabeça quando passar por baixo de nossas pernas, mesmo que isto requeira mais coordenação.

Quadro de adesivos

Para realizar esta brincadeira, necessitamos de uma cartolina grande e folhas com adesivos coloridos de formatos e tamanhos variados. Os adesivos podem ser referentes a um tema do qual a criança goste (animais, frutas, carros, etc.).

- Primeiro, fazemos um desenho simples na cartolina e, depois, a colocamos em cima de uma mesa.

- A seguir, entregamos os adesivos ao nosso filho e o ajudamos a descolar o primeiro e a colá-lo no desenho.

- Depois, já podemos deixar a criança agir por sua conta, descolando os adesivos e colando--os à vontade na cartolina.

- Devemos nos interessar sempre pelo que ela nos possa contar sobre sua "obra de arte", escutando-a com atenção.

- Para terminar, podemos lhe entregar alguns lápis de cor para que possa completar seu quadro.

Será possível...

Estimular a capacidade de individualização de objetos.

•••

Desenvolver sua coordenação visomotora em movimentos de precisão.

•••

Aprimorar sua habilidade para manipular objetos.

•••

Facilitar sua percepção espacial.

Variações

Também é interessante pendurar a cartolina na parede do quarto da criança ou realizar esta atividade com um irmãozinho um pouco mais velho que ela, para que compartilhem os valores cooperativos.

(24-36) meses

O trenzinho

Aproveitamos algumas caixas de fósforos vazias (sem a tampa com o riscador) para brincarmos um pouco. Precisaremos de um pedaço de barbante ou cordão, tesouras, canetinhas ou lápis de cor e algumas pedrinhas, lentilhas ou algo parecido que caiba dentro das caixinhas.

- Para começarmos a brincadeira, pedimos ao nosso filho que nos ajude a construir um pequeno trem.

- Fazemos um buraco em cada extremidade das caixas de fósforos para que o barbante possa passar por ele.

- A seguir, juntamos com o barbante todas elas, fazendo um nó e deixando um pequeno espaço entre uma caixa e outra.

- A criança poderá nos ajudar, entregando-nos os materiais dos quais precisamos e também se encarregando de pintar ou decorar as caixinhas com as canetinhas e adesivos coloridos.

- Uma vez construído o trenzinho, preenchemos cada um dos "vagões" com coisas diferentes: pedrinhas, areia, legumes, papeizinhos, etc.

- Então, a criança poderá fazê-lo percorrer toda a casa, enquanto ela imita o barulho de um trem: "piuí-piuí...".

Será possível...
Melhorar a habilidade de manipulação da criança.
•••
Estimular sua coordenação motora.
•••
Desenvolver nela a função simbólica.
•••
Estimular sua imaginação e criatividade.

Variações
Podemos aproveitar as caixas de fósforos inteiras para fazer outros brinquedos, por exemplo, de construção, ainda que seja necessário tirar a parte áspera (riscador) para que a criança não entre em contato com ela.

Ao ataque!

Para esta brincadeira, preparamos umas 20 bolas com jornal, de forma que fique de um tamanho um pouco maior que uma bola de tênis de mesa (ou pingue-pongue).

- Com a ajuda do nosso filho, fazemos cerca de 20 bolas com jornal amassado.

- A criança ficará com a metade das bolas, e nós, com a outra metade.

- Preparamos duas "áreas protegidas" (podem ser cadeiras ou poltronas), separadas cerca de três ou quatro metros uma da outra.

- Cada um se posiciona em uma área protegida e começamos a atirar as bolas de papel um no outro; podemos ficar dentro do nosso esconderijo ou fora dele.

- O primeiro que tocar o outro com a bola será o vencedor. Podemos recolher as bolas brincando, se tentarmos encestá-las em um cesto de lixo.

(24-36 meses)

Será possível...

Exercitar a prática visual e a noção de distância de nosso filho.

•••

Aumentar sua habilidade no arremesso.

•••

Ensiná-lo a controlar corretamente a força (tono muscular).

•••

Desenvolver a motricidade fina e a sincronização motora da criança.

Variações

Podemos aproveitar as bolas de papel para fazer várias outras brincadeiras ao ar livre, por exemplo.

Conte-me um conto

Nesta idade, não deve faltar ao nosso filho um livro de histórias com ilustrações de cores vivas e atraentes, com muitos desenhos e poucas frases, para que ele não se canse de escutar as histórias e de observar as figuras.

- Pegamos um dos livros preferidos de histórias do pequenino e nos sentamos com ele em uma poltrona da sala ou mesmo no chão.

- Vamos lendo a historinha enquanto ele vai olhando as ilustrações.

- De repente, mudamos algum trecho da história, inventando alguma coisa absurda. Fazemos uma pausa para ver como nosso filho reage.

- O mais provável é que ele reclame e diga que mudamos uma parte do enredo.

- Podemos continuar a leitura e mudar alguma coisa, de vez em quando, para surpreendê-lo.

Será possível...

Melhorar a capacidade de concentração da criança.

•••

Desenvolver sua memória.

•••

Estimular sua imaginação e o seu gosto por livros.

•••

Desenvolver sua linguagem.

Variações

Podemos desenhar os personagens de uma história inventada por nós mesmos, cometendo algum erro bem perceptível para ver se a criança repara (por exemplo, podemos falar de um carro e desenhar um avião). Podemos ainda brincar com marionetes de fabricação caseira.

Diferenças

(24-36 meses)

Com um livro infantil, um papel e lápis de cor, podemos organizar esta divertida brincadeira de observação.

- Copiamos, numa folha de papel, um desenho simples de um dos livros infantis ou formas geométricas simples com diferentes cores e tamanhos, procurando fazer algum detalhe diferente.

- Mostramos à criança os desenhos e lhe pedimos que descubra suas diferenças.

- Na primeira vez, fazemos com que as diferenças fiquem bem evidentes, e, aos poucos, à medida que o pequenino for adquirindo destreza, vamos complicando a brincadeira.

- Além disso, se for necessário, no começo, podemos ajudar a criança um pouquinho, pedindo-lhe que preste atenção na forma ou na cor de algum objeto, etc.

- Aproveitamos a brincadeira para nomear os objetos, as cores, etc., que ela esteja vendo, assim ela irá familiarizar-se com eles.

Variações
Podemos entregar o desenho só com os contornos para a criança e deixar que ela pinte igual ao original ou que o faça ao seu modo.

Será possível...

Exercitar a capacidade de observação atenta da criança.

•••

Desenvolver sua memória.

•••

Estimular sua capacidade de individualização e classificação de objetos.

•••

Fazer com que reconheça e diferencie as formas.

Movimentos

Aproveitamos que o nosso pequenino gosta cada vez mais de atividades físicas para fazer esta brincadeira.

- Primeiro, pedimos à criança que corra ao nosso redor e, depois, que passe por entre as nossas pernas abertas, dê pulinhos com as pernas juntas e, para terminar, dê pulos com as pernas separadas.

- Sentamos no chão, com as pernas juntas e esticadas, e convidamos a criança a saltar, com os pés juntos, por cima das nossas pernas.

- Finalmente, fazemos um elevador e, para isso, nos sentamos no chão com os joelhos flexionados e pegamos a criança pelas mãos. Ela deverá subir nos nossos joelhos.

- Estendemos lentamente as pernas e tornamos a flexioná-las, de modo que o pequenino suba e desça aos poucos.

Variações
Qualquer atividade física é bastante agradável se for realizada ao ar livre.

Será possível...
Melhorar a motricidade das extremidades inferiores da criança.

•••

Ensiná-la a manter o equilíbrio ao realizar diferentes atividades.

•••

Mostrar à criança como é bom se deslocar de diversas maneiras.

•••

Fazê-la perceber que podemos variar bastante os movimentos.

(24-36 meses)

Natureza

Uma volta ao ar livre costuma sempre dar chance a múltiplas descobertas e brincadeiras. Vamos nos divertir!

- Estamos em uma praia com rochas, junto a um rio ou montanha.

- Incentivamos a criança para que procure pedrinhas com formatos diversos e, para isso, nos asseguramos de que há bastante delas ao nosso redor.

- Quando tiver recolhido várias, faremos, com a criança, sua classificação de acordo com o tamanho ou a cor.

- Depois, podemos brincar de procurar ramos de folhas secas ou folhas de diferentes formas e tamanhos, procurando sempre lembrar que devemos respeitar os seres vivos, sejam plantas ou animais.

- Ao finalizarmos a atividade, deixamos que a criança leve para casa as pedrinhas ou as folhas que gostar mais; ela certamente as guardará com bastante carinho, como se fossem um tesouro.

Será possível...
Estimular a exploração sensorial da criança.
•••
Estimular sua capacidade de pegar e recolher.
•••
Ajudá-la a observar e a classificar os objetos.
•••
Desenvolver a sua memória.

Variações
Podemos ajudar a criança a procurar, deixar que ela o faça sozinha ou até mesmo acompanhá-la, dando-lhe pequenas pistas sobre os objetos que estiverem ao seu redor. Uma pequena cesta servirá para colocarmos tudo dentro. Se não formos à praia, também podemos brincar com ilustrações, decorar pedras ou folhas que tivermos em casa com coisas da mesma cor e tamanho. É preciso ter cuidado para que a criança não coloque nada na boca.

Quebra-cabeça

Um quebra-cabeça é uma das brincadeiras que não pode faltar nesta idade. Nosso pequenino já pode começar a brincar com quebra-cabeças de mais de quatro peças.

- Para começar, podemos preparar um bom quebra-cabeça recortando uma foto de algo que seja familiar para a criança.

- Entregamos os recortes a ele e o convidamos a reconstruir a fotografia, ajudando-o discretamente no começo, se for preciso.

- O primeiro quebra-cabeça não deve ter mais de oito peças.

- Uma maneira de complicar o quebra-cabeça é fazer as bordas dos recortes irregulares, para que fique um pouco mais difícil de encaixar as peças.

- Se a criança gostar dessa atividade, podemos dar de presente a ela mais tarde um quebra-cabeça mais bonito e complicado, relacionado a algum tema do qual ela goste (um animal, uma paisagem, um carro, etc.).

Será possível...

Melhorar a coordenação motora final da criança.

• • •

Exercitar sua capacidade de concentração.

• • •

Ensiná-la a reconhecer diversos tipos de formas.

• • •

Desenvolver a sua memória.

Variações

Podemos fazer um quebra-cabeça com um desenho que a criança fez. Para não destruir sua obra de arte, podemos fazer uma fotocópia e recortá-la, deixando o original como modelo para a reconstrução.

(24-36 meses)

A pequena percussão

Com alguns copos de cristal e um pouco d'água, podemos criar um instrumento musical muito divertido.

- Precisaremos de três ou quatro copos de cristal que não sejam nem muito grandes nem muito frágeis.

- Enchemos quase todo o primeiro copo e diminuímos a quantidade de água gradativamente em cada um dos demais.

- Com os quatro copos sobre uma mesa, um ao lado do outro, entregamos à criança um palito de sorvete ou uma colher.

- Convidamos o pequenino bater com a colher nas bordas dos copos para ver o que acontece.

- Rapidamente, ele descobrirá que cada um faz um som diferente e se animará a criar sua própria "música".

Será possível...

Estimular a percepção de sons da criança.

•••

Ensiná-la a usar corretamente a força (tono muscular).

•••

Melhorar sua habilidade de manipulação.

•••

Aprimorar a sua atenção auditiva.

Variações

No lugar dos copos, podemos brincar com potes de geleia ou com algum outro tipo de material reciclado. Além disso, se acrescentarmos umas gotinhas de corante ou tinta em cada copo, a brincadeira ficará mais atraente. Não devemos deixar a criança sozinha com objetos de cristal.

Bolhas de sabão

Embora seja possível brincar com bolhas de sabão em qualquer lugar, um momento propício para isso pode ser a hora do banho.

- Agora que a criança sabe soprar, podemos ensiná-la a usar um *kit* de fazer bolhas de sabão. Com a água e o sabão, conseguimos inúmeras bolhas, garantindo a diversão do pequenino.

- Deixamos que ele faça bolhas durante um tempo e, depois, pedimos para fazer também.

- Então, o convidamos a tocar, com as mãos, as bolhas que soltarmos.

- Podemos lhe "bombardear" com bolhas de sabão e também lhe ensinar a estourá-las com as mãos, a empurrá-las sem que estourem, a soprá-las para mantê-las o máximo de tempo possível no ar, a quebrá-las com um dedo só, etc.

Será possível...

Descobrir as capacidades e as limitações da criança.

•••

Ensiná-la por meio do exemplo e da imitação.

•••

Fazê-la entender que o erro é um estímulo para novas tentativas.

•••

Ensiná-la a controlar a boca e a respiração.

Variações

Se prepararmos um pequeno recipiente com água e sabão, podemos fazer bolhas onde e quando quisermos. Se não tiver um kit próprio para isso, a criança poderá usar um canudinho para soltar as bolhas, porém, devemos vigiá-la para que não inspire água com sabão.

(24-36 meses)

As folhas

Durante um passeio ou em um dia de muito vento, podemos colher, com o nosso filho, algumas folhas caídas das árvores, procurando que tenham formas, tamanhos e cores variadas. Guardamos essas folhas numa caixinha para brincar com elas mais tarde.

- Retiramos as folhas da árvore, deixamos todas elas em cima da mesa e nos sentamos ao redor delas.

- Escolhemos quatro folhas, três iguais e a quarta bem diferente (em tamanho, forma ou cor).

- A criança nos indica qual das quatro folhas é a diferente e nos diz no que diferem.

- Na primeira vez, a diferença deve ser bem evidente e, aos poucos, tornamos a brincadeira mais complicada (podemos classificá-las como maior e menor, pela forma, tamanho ou cor, etc.).

- Quando a brincadeira acabar, deixamos que o pequenino volte a guardar suas folhas na caixa.

Será possível...

Estimular sua percepção visual e a sua capacidade de classificar os objetos.

•••

Exercitar sua capacidade de organização: pôr coisas em ordem.

•••

Ensinar formas e tamanhos a ela.

•••

Enriquecer o vocabulário da criança.

Variações

Em vez de brincar com folhas de uma árvore, podemos brincar com pedrinhas ou ramos de folhas secas, todas diferentes.

A poça

Depois de uma tempestade, podemos sair de casa com o nosso filho à procura de poças para passarmos momentos divertidos.

• Saímos de casa com botas de borracha impermeáveis e calças velhas.

• Quando encontrarmos uma poça grande o suficiente, deixamos que a criança pule dentro dela o quanto quiser, fazendo grande alvoroço.

• Em seguida, procuramos mais poças e deixamos cair pedrinhas dentro delas, observando as ondulações que se formam na superfície da água, escutando os diferentes barulhos que as pedras fazem ao tocarem a água, seus reflexos na superfície, etc.

• Depois de nos afastarmos um pouco das poças, brincaremos de atirar pedras dentro delas à distância de alguns metros ou mais, segundo a destreza da criança.

• E, finalmente, depois de brincarmos bastante, voltamos para casa, trocamos de roupa e tomamos algo bem quente, se for necessário.

Será possível...

Estimulá-la a conhecer o ambiente ao seu redor.

•••

Facilitar a exploração sensorial da criança.

•••

Exercitar sua capacidade de concentração.

•••

Ensiná-la a compartilhar experiências.

Variações

Esta atividade também pode ser desenvolvida à beira de um rio ou na praia.

Os disfarces

(24-36 meses)

Nessa faixa etária, disfarçar-se de algum personagem é uma ótima brincadeira para as crianças.

- Podemos procurar peças de roupas baratas em uma loja ou mercadinho ou aproveitar algumas que tivermos em casa. Estas peças devem ser confortáveis e fáceis de vestir e tirar.

- Colocamos as peças de roupa em uma caixa grande ou sobre uma cadeira, no meio do quarto onde vamos brincar.

- Depois, convidamos a criança a explorar o que está dentro da caixa e a se vestir como quiser.

- Podemos explicar a ela o que é cada coisa e lhe pedir que nos conte porque escolheu uma peça ou outra.

- Repetimos a brincadeira várias vezes, deixando que a criança permaneça por algum tempo com a roupa de que mais gostou no corpo.

Será possível...

Estimular a invenção e a fantasia na criança.

•••

Desenvolver nela a habilidade para observar e imitar movimentos.

•••

Ensiná-la a reconhecer cores, texturas e objetos.

•••

Desenvolver nela a função simbólica.

Variações

Na época de Carnaval, podemos ir a uma loja de fantasias com o nosso filho para alugar ou comprar uma delas, ou, melhor, com um pouco de imaginação e paciência, podemos fazer uma em casa ao nosso gosto. Podemos também lhe dar acessórios, como lenços, guarda-chuvas, etc.

Caminhos de linhas

Esta brincadeira é muito útil para que o nosso filho aprenda a se equilibrar.

- Procuramos linhas, retas ou não, que estejam desenhadas no chão (podem ser as linhas de separação das lajotas de casa ou da calçada). Também podemos desenhar uma linha num papel pardo.

- A criança deve caminhar sobre a linha, pisando só nela, até completar todo o seu comprimento.

- Se perder o equilíbrio e pisar fora dela, deverá começar de novo.

- Terá que avançar colocando um pé na frente do outro.

- Quando adquirir prática, poderá realizar a mesma brincadeira, só que agora andando sobre o meio-fio, um tronco caído de árvore ou uma tábua de madeira, que exigirão dela maior concentração.

Será possível...

Desenvolver a capacidade de concentração da criança.

• • •

Melhorar sua coordenação dinâmica geral.

• • •

Aperfeiçoar sua motricidade.

• • •

Estimular sua imaginação e criatividade.

Variações

*Ela também poderá dar um pulinho se a linha tiver alguma interrupção (linhas pontilhadas). Podemos ajudar a criança pegando-a pelas mãos para que tenha mais equilíbrio.
Se não encontrarmos linhas adequadas para a brincadeira, podemos desenhá-las com um giz.*

A bola maluca

(24-36 meses)

Com uma bola de plástico mole, um espaço amplo, sem obstáculos, e uma parede, preparamos a seguinte brincadeira:

- Pedimos ao nosso filho que se posicione junto a uma parede e um de nós (pai ou mãe) coloca-se a uns três metros dele.

- Com os pés ou com as mãos, conforme preferirmos, empurramos a bola de plástico até a criança, que deverá tentar se esquivar dela. Devemos arremessar a bola devagar e aumentar a velocidade de acordo com a destreza da criança.

- Quando a bola tocá-la, trocamos nossas posições para que agora ela jogue a bola para nós.

- Nas primeiras vezes, nós desviamos da bola, mas deixamos que ela logo nos toque e parabenizamos a criança por conseguir nos atingir. Assim, podemos brincar até nos cansarmos, introduzindo algumas variações de vez em quando, para não brincarmos sempre da mesma maneira.

Será possível...
Exercitar a capacidade de observação atenta e rápida da criança.

•••

Fazê-la adquirir noção de distância e velocidades de movimento.

•••

Aumentar sua disposição.

•••

Exercitar sua agilidade, equilíbrio e motricidade.

Variações
Outra pessoa (um irmãozinho ou amiguinho) podem entrar na brincadeira. Nesse caso, aquele que estiver jogando a bola nos outros trocará de lugar com quem não conseguiu se desviar dela.

Aviõezinhos de papel

Se estivermos em casa e não soubermos do que brincar, podemos passar bons momentos nos divertindo com várias folhas de papel, que podem ser de jornal ou coloridas, cortadas em um tamanho de 20 cm x 15 cm, aproximadamente.

- Ensinamos o nosso filho a fazer dobraduras nas folhas de papel, procurando deixá-las bem marcadas.

- Quando constatarmos que ele já é capaz de desenvolver com facilidade a dobradura, lhe ensinamos alguns passos que ele terá que seguir para construir o que será um brinquedo fantástico: um avião de papel.

- Repetimos os passos várias vezes até que o aviãozinho saia direitinho.

- Depois, só nos resta fazer nossos aviõezinhos voarem para ver qual deles vai mais longe, fica mais tempo no ar, aterrissa no lugar mais conveniente, ou o que quisermos.

- Devemos sempre parabenizar a criança por ter feito tudo direitinho e, se for necessário, podemos ajudá-la sem que ela perceba, iniciando-a, assim, na arte das dobraduras.

- Num outro dia, podemos ensiná-la a montar um barco de papel e fazê-lo navegar em um riacho ou fonte.

(24-36 meses)

Será possível...

Favorecer a coordenação visomotora da criança.

•••

Desenvolver seu sentido de tato.

•••

Ensiná-la a usar corretamente a força (tono muscular).

•••

Ajudá-la a ter noção de distância.

Variações

A criança também pode decorar os aviõezinhos ou barcos com lápis de cor, adesivos ou o que quiser, como se fossem bandeiras, ou, ainda, podemos fazer os aviões com papéis de cores vivas e texturas diferentes.

Os alvos flutuantes

Para fazer esta brincadeira ficar divertida, só precisamos de uns pratos de plástico, um recipiente grande com água e umas moedas ou pedrinhas.

- Enchemos o recipiente com água e colocamos sobre ela vários objetos que flutuam, mas que, se forem tocados, afundam.

- Nós nos posicionamos com o nosso filho ao lado do recipiente e vamos atirando moedas ou pedrinhas sobre os objetos flutuantes tentando afundá-los.

- Repetimos a brincadeira, afastando-nos cada vez mais do recipiente com água para aumentarmos um pouco a dificuldade.

- Podemos estipular um número de moedas ou de pedras por jogador e ver quem afunda mais objetos flutuantes.

Será possível...

Favorecer a individualização de objetos da criança.

•••

Desenvolver na criança hábitos de higiene.

•••

Aumentar sua destreza manual.

•••

Favorecer a percepção espacial da criança.

Variações

Esta brincadeira também pode ser feita na banheira, antes da hora do banho, ou no mar, arremessando ramos de folhas e atirando pedrinhas contra elas. Desta brincadeira, também, poderá participar outro irmãozinho um pouco mais velho ou algum amiguinho.

(24-36 meses)

Os pregadores

Aos poucos, nosso filho vai adquirir habilidade para manipular objetos de diferentes tamanhos e formatos. Esta é uma de muitas brincadeiras de manipulação, para a qual precisaremos de alguns pregadores de roupa.

- Juntamos vários objetos pequenos de texturas diferentes e de cores chamativas. Podem ser botões, pedrinhas, palitinhos, etc.

- Entregamos alguns pregadores para a criança e lhe ensinamos a pegar os diferentes objetos que tivermos preparado.

- Em seguida, observamos como ela aprende a usar os pregadores corretamente.

- Agora, pedimos para ela fazer montinhos, separando os objetos por tipo.

- À medida que ela vai "pinçando" os objetos, podemos contá-los em voz alta, para que, aos poucos, ela se familiarize com os números.

Será possível...

Fazê-la ter noção de distância e desenvolver a sua habilidade de manipulação.

• • •

Usar corretamente a força.

• • •

Exercitar sua capacidade de organização: pôr as coisas em ordem.

• • •

Favorecer a coordenação visomotora da criança.

Variações

Também podemos introduzir os objetos que a criança pegar com os pregadores dentro de um recipiente com boca estreita, procurando, pouco a pouco, complicar a brincadeira.

Siga as pistas

Para podermos realizar esta brincadeira divertida de pistas, devemos preparar alguns papéis com setas e um desenho de um objeto conhecido da nossa casa.

- Preparamos alguns papéis com setas e outros, com o desenho de uma televisão, um sofá, uma cadeira e outros móveis que sejam facilmente reconhecíveis pelo nosso filho.

- Escondemos um pequeno objeto-surpresa (um brinquedo ou um presentinho) em um canto acessível da casa. Colocamos os papéis por toda a casa, formando uma fileira de pistas: se houver uma seta no papel, ela indicará onde está o papel com a próxima pista, que poderá ter uma televisão desenhada e, ali, outro papel com outra pista que nos levará até outra, até finalmente encontrarmos o objeto-surpresa.

- Uma vez preparado o percurso, contamos ao nosso filho uma história sobre um tesouro que alguém escondeu e que devemos tentar encontrar, e saímos imediatamente atrás da primeira pista.

- Acompanhamos o pequenino na busca e o ajudamos discretamente em algum momento, se acharmos oportuno. Quando ele encontrar o "tesouro", devemos demonstrar alegria.

Será possível...
Estimular a fantasia do nosso filho.
•••
Aumentar sua capacidade de orientação.
•••
Estimulá-lo a explorar o ambiente ao seu redor.
•••
Fazê-lo vivenciar situações múltiplas.

Variações
Esta brincadeira também pode ser realizada ao ar livre (no jardim, no quintal, etc.), procurando eliminar os obstáculos que possam ser perigosos para o nosso filho. Ainda, pode entrar na brincadeira um irmãozinho um pouco mais velho, para ajudar o menor na busca pelo "tesouro" ou para escondê-lo e colocar as pistas.

(24-36 meses)

O que tem dentro do saquinho?

Todas as crianças gostam de desmontar coisas e olhar o que tem dentro delas. Precisaremos de alguns saquinhos opacos (por exemplo, de tecido) e de vários objetos pequenos.

Será possível...

Desenvolver a motricidade fina da criança.

• • •

Melhorar sua sensibilidade tátil.

• • •

Favorecer sua capacidade de identificar objetos pelo tato.

• • •

Desenvolver sua noção de quantidade.

- Pegamos objetos variados, não muito grandes e que sejam familiares para a criança (um bonequinho, uma bolinha, um sapatinho, etc.) e colocamos cada um dentro de um saquinho que não seja transparente.

- Fechamos bem todos os sacos e os entregamos ao nosso filho.

- A criança, pelo tato, tamanho do objeto e pelo barulho, deverá tentar adivinhar o que contém cada saquinho.

- Se acharmos necessário, podemos dar-lhe alguma pequena pista, para ajudar-lhe na identificação correta, ou podemos fazer perguntas que possam indicar a ela do que se trata, como por exemplo, se é um objeto grande, se faz barulho, etc.

- E, quando ela tiver acertado, retiramos o objeto do saquinho diante do seu olhar de satisfação.

Variações

Quando a criança já tiver um pouco de prática, podemos colocar mais de um objeto dentro de cada saquinho, o que dificultará sua identificação.

A caixa maluca

Para esta brincadeira, necessitamos da maior caixa de papelão que tivermos, algumas canetinhas coloridas, tesoura e jornais velhos.

- Desenhamos, com a ajuda de nosso filho, um rosto em um dos lados da caixa de papelão, com a boca e os olhos bem grandes; recortamos a boca e os olhos da figura, ou só a boca, se for a primeira vez que estivermos brincando e a criança ainda não tiver muita destreza.

- Deixamos que a criança termine de decorar ao seu gosto o desenho que preparamos.

- Colocamos a caixa com o lado pintado na vertical e fazemos bolas com os pedaços de jornal.

- Agora, de uma distância pequena, tentamos, com a criança, acertar as bolas de papel dentro da boca e dos olhos recortados, arremessando-as com força e usando uma mão de cada vez.

- Podemos continuar a brincadeira girando a caixa de papelão, de maneira que a boca fique para cima, e continuamos atirando até ver quem consegue acertar mais bolas de papel lá dentro.

Será possível...

Desenvolver a motricidade fina da criança.

•••

Ajudá-la a adquirir noção de distâncias.

•••

Favorecer sua coordenação visomotora.

Variações

Também podemos construir um dado gigante, recortando os pontos de cada lado (de 1 a 6) e variar a posição da caixa.

(24-36 meses)

Os ímãs

Esta brincadeira é ideal para ser realizada em casa em um dia de chuva. Só precisaremos de alguns ímãs de geladeira.

- Mostramos ao nosso filho cinco ímãs de geladeira diferentes, se possível de cores chamativas na primeira vez que brincarmos.

- Explicamos a ele que vamos pregar esses cinco ímãs em objetos metálicos de um cômodo (por exemplo, na sala de estar) e que ele deverá localizá-los.

- Escondemos os cinco ímãs, pregando-os em superfícies metálicas e procurando deixá-los à vista e ao alcance do pequenino.

- Em seguida, ele entrará em ação para procurar e capturar os ímãs. Se for necessário, poderemos lhe dar alguma indicação, dizendo, por exemplo, "frio", se estiver longe, ou "quente" e "muito quente", quando se aproximar dos ímãs. Quanto tempo levará para encontrar todos os ímãs?

- Também podemos trocar os papéis: um de nós ajuda a criança a esconder os ímãs para que o outro tente encontrá-los.

Será possível...
Exercitar a percepção visual da criança.
•••
Desenvolver sua capacidade de concentração.
•••
Estimular o conhecimento do ambiente ao seu redor.
•••
Ajudá-la a individualizar os objetos.

Variações
Em vez de brincarmos com ímãs, podemos brincar com adesivos, mas levando em conta que depois terão que ser descolados sem danificar os objetos aos quais estarão colados.

O pequeno "chef"

A hora de comer e a comida por si só constituem boas ocasiões para uma brincadeira e não devemos desperdiçá-las. Vamos então brincar um pouco com os sabores!

• Preparamos vários alimentos, com textura similar, dos quais a criança goste, em forma de purê ou compota, por exemplo.

• Colocamos esses alimentos cada um em um prato ou copo parecidos.

• Sentamos a criança à mesa, lhe entregamos a colher e lhe vendamos delicadamente os olhos com um lenço ou fazemos com que ele os tampe com as próprias mãozinhas.

• Explicamos-lhe como é a brincadeira: damos-lhe vários tipos de comida para experimentar e ele deverá adivinhar qual é.

• Colocamos o alimento em uma colher e deixamos que ele o prove, depois, tiramos a sua venda para que veja se acertou ou não.

Variações
Se a criança não gostar que vendem seus olhos, basta dizer a ela para que os mantenha fechados ou os tampe com as suas mãozinhas, e assim também comprovaremos se ela gosta de fazer alguma pequena trapaça, consentida por nós. Podemos ainda fazer a mesma brincadeira com açúcar, sal, suco ou até mesmo uma fruta.

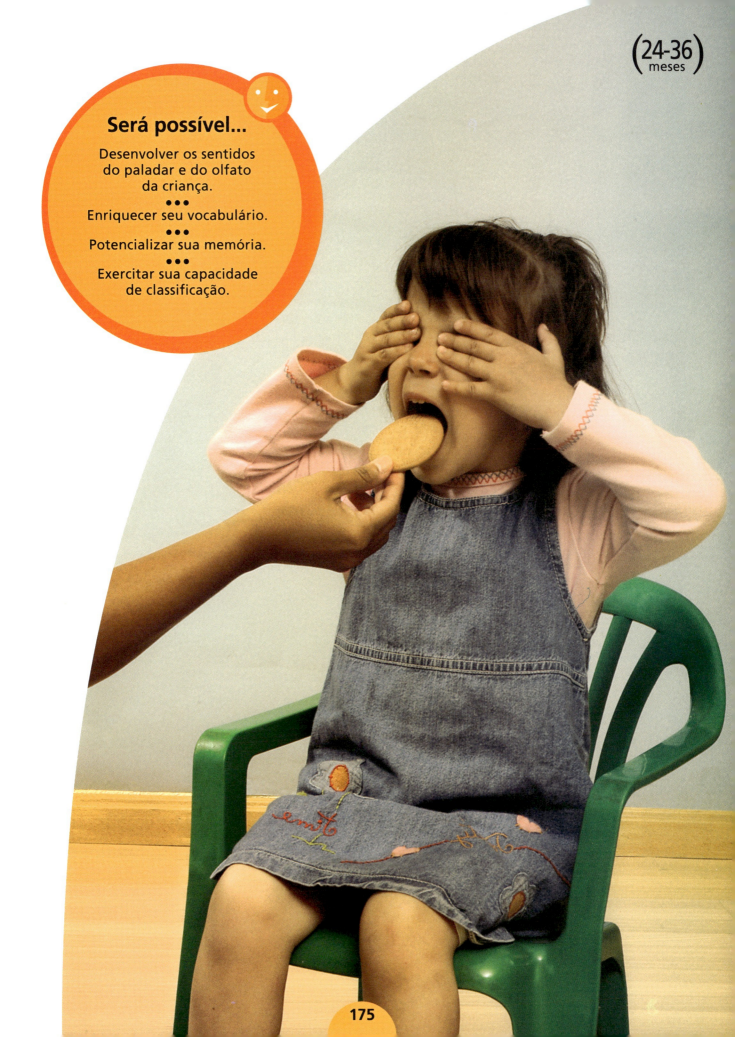

(24-36 meses)

Será possível...

Desenvolver os sentidos do paladar e do olfato da criança.
•••
Enriquecer seu vocabulário.
•••
Potencializar sua memória.
•••
Exercitar sua capacidade de classificação.

Tirar o palitinho maior

Com alguns ramos de galhos secos, podemos fazer uma brincadeira rápida e que nos poderá servir de introdução para outras atividades.

- Aproveitamos um dia de passeio para procurar, com o nosso filho, alguns galhos secos no chão que não sejam muito grossos.

- Quando já tivermos meia dúzia de gravetos, poderemos parti-los, de modo que todos eles tenham um tamanho parecido e apenas um deles seja um pouco maior que os demais.

- Pegamos os gravetos e os seguramos na mão, com o punho fechado, de forma que eles apareçam um pouco, mas não seja possível ver qual deles é o maior.

- Convidamos a criança para escolher um graveto para ver se ela consegue tirar o maior.

- O número de gravetos deve estar de acordo com o número de jogadores ou podemos fazer com que cada jogador pegue vários deles. Aquele que tirar o maior será o ganhador da brincadeira e passará a segurar os gravetos.

Será possível...
Desenvolver o sentido do tato da criança.

•••

Ensiná-la a reconhecer tamanhos e distâncias.

•••

Enriquecer seu vocabulário.

•••

Fazê-lo vivenciar situações múltiplas.

Variações
Também podemos fazer o mesmo com palitinhos, que podemos decorar à nossa vontade, ou até mesmo com tiras de jornal.

(24-36 meses)

A parede

Com algumas moedas ou pedrinhas, ou até mesmo tampinhas de garrafas, podemos brincar praticamente em qualquer lugar (no corredor de casa, num quarto bem amplo, ao ar livre, etc.).

- Colocamo-nos a uns três metros da parede.

- Cada jogador (por exemplo, a criança, o pai e a mãe) tem três moedas ou pedrinhas.

- Cada um na sua vez atira as pedras, procurando fazer com que elas caiam o mais próximo possível da parede.

- Ganha aquele cuja pedra chegar mais perto da parede.

- A brincadeira se repete até que um jogador tenha ganhado cinco partidas.

- E, se mais tarde, quisermos complicar a brincadeira, podemos introduzir novas regras, por exemplo, que sejam eliminadas as pedras que baterem na parede.

Será possível...
Aumentar a habilidade da criança em atividades que requerem precisão.
•••
Ajudá-la a adquirir noção de distância.
•••
Ensiná-la a usar corretamente a força (tono muscular).
•••
Aumentar seu controle de lateralidade.

Variações
Quando a criança já tiver um pouco de prática, poderemos aumentar a distância ente nós e a parede; e, se não houver parede, podemos substituí-la por um tronco de árvore, um vaso de plantas, ou o que estiver mais perto de nós.

Que grande!

Com uma lupa um pouco grande, podemos passar bons momentos no campo ou até em um jardim na nossa cidade, embora a criança também possa ver "tudo aumentado" em casa.

- Saímos para passear por uma área tranquila, com bastante vegetação, e levamos conosco uma lupa grande.

- Enquanto passeamos tranquilamente, vamos prestando atenção em pequenas coisas (plantas, flores, pedrinhas, etc.), por causa de sua forma ou cor.

- Quando detectarmos algo interessante, nos detemos a fim de examiná-lo detalhadamente com a nossa "superlupa". Neste momento, aproveitamos para explicar à criança alguma coisa sobre o que estamos vendo.

- Se encontrarmos formigas ou outros pequenos insetos, paramos para observá-los com a lupa, verificando o que fazem, aonde vão, etc., sem incomodá-los. Deste modo, exploramos, com a criança, a natureza ao nosso redor, enquanto fazemos "grandes descobertas".

Variações
Uma vez examinado o objeto em questão, podemos pedir à criança para que, sem tocá-lo, nos diga se acha que ele é duro ou mole e, depois, comprovamos se ela acertou ou não.

Será possível...
Desenvolver a exploração sensorial da criança.
•••
Estimulá-la a descobrir o ambiente ao seu redor.
•••
Favorecer sua capacidade de individualizar objetos.
•••
Enriquecer seu vocabulário.

Saquinhos

(24-36) meses

Preparamos alguns saquinhos de plástico, não muito grandes, com lentilhas, arroz ou algo parecido dentro deles, cujo peso total não exceda 50 gramas.

- Fazemos todas as brincadeiras e exercícios divertidos que quisermos, carregando um saquinho cada um.

- Primeiro, colocamos um saquinho sobre a cabeça e andamos de um lado ao outro sem deixá-lo cair.

- Em seguida, colocamos o saquinho entre os joelhos e andamos sem derrubá-lo no chão.

- Depois, andando e correndo, jogamos o saquinho no ar para ver se conseguimos pegá-lo de volta antes que ele caia no chão.

- E, finalmente, de pé, colocamos o saquinho sobre a cabeça e tentamos nos sentar no chão ou em uma cadeira sem perdê-lo.

Variações

Deixamos que o pequenino invente outras brincadeiras ou movimentos com o saquinho, imitando-o. Quando a criança tiver crescido um pouco, poderemos brincar também com garrafas de água de plástico, como se fosse uma brincadeira de malabarismo.

Será possível...

Fazer com que a criança tome consciência do próprio corpo.

• • •

Desenvolver suas habilidades motoras básicas.

• • •

Melhorar sua capacidade para controlar a postura.

• • •

Ensiná-la a manter o equilíbrio.

A cobra

Com uma fita de cores vivas, com alguns metros de comprimento, podemos passar uns bons momentos com o nosso filho.

- Amarramos a fita nas costas, na altura da cintura; a criança terá que nos perseguir para tirá-la, segurando-a ou pisando-a. A fita deve se soltar quando ele agarrá-la.

- Seguramos a fita colorida por uma de suas pontas e a fazemos serpentear pelo chão; o pequenino deverá tentar pisá-la.

- Em seguida, fazemos a fita serpentear novamente pelo chão, mas agora a criança deverá fazer com que a fita não a toque e, para isso, correrá e dará pulinhos, desviando-se dela.

- Certamente, podemos inverter os papéis de vez em quando, deixando que a criança tome a iniciativa.

- E, para terminar, entregamos a fita colorida para o pequenino brincar como quiser: movendo-a de modo a formar figuras no ar, arrastando-a pelo chão e assim por diante.

(24-36) meses

Variações
Esta brincadeira pode ser realizada por mais de dois jogadores, mas não convém que sejam muitos.

Será possível...

Realizar brincadeiras dinâmicas em conjunto.

•••

Favorecer a coordenação da percepção ocular da criança.

•••

Desenvolver nela a habilidade de coordenação motora.

•••

Ajudar a criança a adquirir noção de distância.

Cordas

Tanto em casa quanto ao ar livre, se tivermos à mão alguns metros de corda, podemos criar muitas brincadeiras para crianças desta faixa etária.

- Primeiro, colocamos a corda amarrada entre dois pedaços de pau, que podem ser duas cadeiras, a cerca de 25 centímetros do chão, para que a criança possa passar por baixo, arrastando-se, ou, se for possível, pular por cima dela.

- Também podemos colocar a corda esticada no chão e pedir para que a criança ande sobre ela, contando-lhe que está passando por uma ponte bem alta. Se deixarmos a corda no chão, formando um círculo, podemos brincar de dar pulinhos, uma vez dentro e outra fora do círculo.

- Podemos amarrar a corda a vários objetos e colocá-la a uma altura que a criança possa alcançar com pouco esforço ou colocá-la numa posição mais alta e brincar de jogar as coisas com um pedaço de pau, por exemplo. À medida que o pequenino adquirir destreza, podemos aumentar aos poucos a complexidade da brincadeira.

Será possível...

Melhorar o controle psicomotor da criança.

•••

Ajudá-la a controlar sua motricidade.

•••

Ensiná-la a manter o equilíbrio ao realizar diferentes atividades.

•••

Combinar diversos movimentos.

Variações

Outra brincadeira que requer um pouco mais de prática e coordenação é a de pular corda. Acreditamos ser conveniente que as brincadeiras que inventarmos sejam variadas, para que a criança vá adquirindo confiança em seu próprio corpo e exercite seus músculos que estão em desenvolvimento.

(24-36 meses)

Bote e rebote

Vamos brincar, mais uma vez, com uma bola. Desta vez, com uma bola pequena.

- Colocamo-nos em frente à parede, a cerca de três metros dela.

- A brincadeira consiste em jogar a bola delicadamente contra a parede e pegá-la depois, procurando não deixá-la cair no chão.

- A princípio, parece um pouco complicado, mas a criança logo aprenderá a fazê-lo muito bem.

- Depois, nos sentamos no chão, um em frente ao outro, a alguns metros de distância, e passamos a bola um ao outro: sem que ela toque o chão, fazendo-a quicar várias vezes, rolando-a ou como quisermos.

- Quando notarmos que a criança está cansada ou entediada, deixamos a brincadeira para um outro dia.

Variações

Conforme a atividade que realizarmos, podemos alternar uma bola de tênis com uma de pingue-pongue, de acordo com as necessidades. Mais adiante, quando a criança tiver mais prática, podemos dificultar a brincadeira e, por exemplo, brincar de encestar a bola em uma caixa, depois de deixá-la quicar várias vezes no chão.

Será possível...

Exercitar a percepção visual da criança.

•••

Ajudá-la a adquirir destreza e firmeza na execução de atividades que requerem precisão.

•••

Aumentar o controle da lateralidade da criança.

•••

Ajudá-la a adquirir noção de distância.

O alvo

Com algumas pedrinhas e um giz, podemos preparar muitas atividades ao ar livre ou em casa para os nossos filhos.

- Se estivermos ao ar livre e o terreno permitir, podemos desenhar um alvo nele.

- A brincadeira consiste em fazer pontaria no alvo desenhado no chão arremessando uma pedra a uma distância determinada. Podemos alternar o emprego de ambas as mãos para segurar e arremessar a pedrinha.

- Ganha quem arremessar a pedrinha mais perto do centro do alvo.

- Se não quisermos desenhar o alvo, podemos colocar um pequeno objeto no chão e arremessar a pedra para ver quem consegue jogar a bola mais perto dele.

- Continuamos a brincadeira até cansarmos.

Será possível...

Exercitar a percepção visual da criança.

•••

Aumentar sua habilidade em atividades que requerem precisão.

•••

Aumentar o controle de lateralidade da criança.

•••

Ajudá-la a adquirir noção espacial.

Variações

Também podemos brincar com uma folha, uma pluma de ave, etc. Outra possibilidade é pedir para que a criança fique diante de nós e tente pegar a folha no ar, quando a deixarmos cair; é mais difícil do que parece e muito divertido. Procuramos sempre recolher as folhas do chão e nunca arrancá-las das plantas ou das árvores.

(24-36 meses)

Mais cordas

Vamos continuar brincando com uma corda de alguns metros de comprimento. Podem brincar também o pai e a mãe.

- Devemos colocar a corda a uns 25 centímetros do chão, bem esticada, e a levantamos pelas extremidades. Agora, pedimos à criança que passe por baixo dela, arrastando-se pelo chão como uma lagarta, mas de barriga para cima.

- A seguir, a criança deverá passar por cima da corda sem tocá-la, apoiando, primeiro, as mãos no outro lado da corda e, depois, as pernas. Nas primeiras vezes, os pais podem ajudá-la, pois talvez seja muito difícil, para ela, manter o equilíbrio sozinha.

- Depois, colocamos a corda esticada a uma altura que supere em uns cinco centímetros sua estatura e lhe convidamos para que fique em baixo dela e pule com os pés juntos para tocá-la com a cabeça. Se for necessário, podemos fazer uma demonstração.

Variações
Podemos amarrar a corda a alguns pedaços de pau, mas sempre é melhor que a seguremos nós mesmos, pois podemos, com facilidade, soltá-la quando quisermos regular sua altura.

Será possível...
Estimulá-la a experimentar múltiplos e inexplorados movimentos.
•••
Fazer com que pratique a sincronização motora.
•••
Desenvolver a coordenação motora fina da criança.
•••
Melhorar o controle da postura da criança.

As batatas

Podemos aproveitar um dia no parque para fazermos uma brincadeira bastante ativa e divertida com um grupo mais ou menos numeroso de crianças. Para esta atividade, precisaremos de um espaço aberto, não muito grande e sem obstáculos, uma vassoura e uma batata por participante (também podemos usar qualquer outro objeto).

Será possível...
Favorecer a coordenação visomotora da criança.

•••

Melhorar sua coordenação dinâmica geral.

•••

Realizar atividades que requerem precisão.

•••

Ajudá-la a adquirir noção de distância.

- Marcamos no chão duas linhas, uma de partida e outra de chegada, separadas por cerca de 10 metros.

- Cada participante pega sua vassoura e coloca sua batata sobre a linha de partida.

- Depois do sinal combinado, todos começam a empurrar a batata com a vassoura para alcançar o quanto antes a linha de chegada.

- Quem chegar primeiro é o vencedor.

- Podemos repetir a brincadeira muitas vezes, para ver quem chega primeiro mais vezes.

Variações

Esta brincadeira pode ser realizada com todos os membros da família, com os amigos ou em duplas; todos percorrerão uma trajetória com curvas na ida e na volta até chegarem a um ponto determinado (por exemplo, uma árvore ou pedra). Se dispusermos de apenas uma vassoura e de uma batata, poderemos cronometrar o tempo para ver quem demora menos para realizar a corrida.

Figurinhas planas

(24-36 meses)

Com um papel de cor viva e com uma caixa cheia de palitos (se for possível, coloridos), nosso filho pode passar um bom tempo brincando.

- Colocamos o papel sobre uma mesa ou no chão, perto do pequenino.

- Ao seu lado, deixamos montinhos de palitinhos.

- Podemos brincar com os palitinhos, fazendo figuras planas (um quadrado, um triângulo, uma casinha, etc.).

- A criança, em seguida, se juntará a nós, para fazer o que estamos fazendo, e a ajudaremos a imitar nossas figuras planas. Aos poucos, aumentamos a sua complexidade.

- Quando o pequenino tiver um pouquinho de prática, deixaremos que ele tome a iniciativa, construa o que desejar e, se quisermos, podemos tentar imitá-lo.

Variações

Com o tempo, podemos introduzir a terceira dimensão na brincadeira. Embora esta brincadeira possa ser realizada com palitos de fósforos, se as utilizarmos, teremos que vigiar a criança para que não as leve até a boca, pois são tóxicas.

Será possível...

Favorecer a coordenação visomotora da criança.

•••

Desenvolver sua capacidade para inventar e imaginar.

•••

Estimular sua expressão artística.

•••

Aumentar sua habilidade de manipulação.

A grande corrida

Com um carrinho de brinquedo que ande bem, nosso filho pode passar muitos momentos agradáveis.

- Antes de começar, desenhamos um trajeto no chão do quarto ou do quintal, com uma linha de partida e outra de chegada e vários obstáculos para serem ultrapassados. A criança coloca o carrinho em cima da primeira linha e damos a largada.

- O pequenino deverá empurrar o carrinho com a mão por todo o caminho desenhado, procurando completá-lo no menor tempo possível.

- Cronometramos o tempo gasto por ele e repetimos a brincadeira para ver se o seu tempo melhora. Brincamos até a criança cansar ou melhorar seu recorde e, então, podemos trocar o trajeto da brincadeira.

Será possível...

Desenvolver capacidades motrizes básicas da criança.

•••

Melhorar seus reflexos.

Fazer com que adquirira destreza e firmeza na coordenação visomotora em movimentos de precisão.

•••

Aumentar sua habilidade de manipulação.

Variações

Também podemos fazer com que a criança leve o carrinho com uma mão e, depois, com a outra, ou que o vá empurrando, primeiro, com um pé e, depois, com o outro. Também podemos brincar com um trajeto já desenhado e mais complexo.

Glossário

Antecipação de situações: é a capacidade da criança saber o que vai acontecer depois de algo que se faz e responder antes que se finalize a ação.

Controle da postura: domínio das diversas posturas corporais que podem ser adotadas ao realizar uma atividade.

Controle psicomotor: é o domínio progressivo dos movimentos necessários para executar uma ação motora (ou de movimento).

Coordenação motora: capacidade de realizar movimentos para executar uma ação (pegar, pular, engatinhar, andar, soltar, etc.).

Desenvolvimento sensomotor: crescimento ou aquisição das capacidades sensitivas e motoras.

Função simbólica: faz referência ao desenvolvimento da imaginação e da fantasia e, sobretudo, às atividades de imitação.

Habilidades motoras básicas: são aquelas capacidades motoras características e próprias de uma determinada faixa etária.

Individualização de objetos: capacidade de distinguir ou considerar cada objeto concreto como um todo único, diferente dos demais objetos que o rodeiam.

Lateralidade: preferência sistematizada por uma das partes laterais do corpo (direita ou esquerda).

Memória auditiva: lembrança de sons, música ou palavras que foram escutadas anteriormente.

Motricidade fina: refere-se aos movimentos que requerem certa precisão, concentração e habilidade manual.

Motricidade grossa: supõe a aquisição e a coordenação do controle total de todos os movimentos do corpo.

Motricidade imitativa: imitação dos movimentos observados em outras pessoas.

Noção espacial: apreciação e cálculo visual de distâncias para executar atividades concretas.

Ordenação: pôr as coisas de acordo com uma ordem ou sequência preestabelecida.

Percepção auditiva: é a capacidade de diferenciar sons diversos, utilizando-se a memória auditiva.

Percepção ou noção espacial: capacidade de realizar atividades, levando em conta onde estão os objetos e/ou as pessoas que nos rodeiam.

Percepção visual: possibilidade de distinguir ou individualizar objetos ou pessoas com a visão.

Relação de causa e efeito: a criança, por meio da manipulação constante e repetitiva e da experimentação ativa, descobre o efeito que suas ações causam.

Sincronização visomotora: domínio dos movimentos dos olhos coordenados com as mãos.

Sincronização motora: é a capacidade de realizar movimentos simultâneos ou encadeados por várias partes do corpo.

Sincronização (ou destreza) da percepção ocular: domínio dos movimentos dos olhos coordenados com outras partes do corpo (mãos, pés, etc.).

Tabela de objetivos

PRIMEIRO ANO

0-3 meses

Atividade					
A brisa	S	P		S	A
Estou aqui!	S	P		S	A
O ciclista		P	C		
"Sapatinho musical"	S	P	C		
O chocalho		P	C		
Cadê? Achou!	S		C	S	
Palmas, palminhas		P	C		
Cada um dos seus dedos	S	P	C		A
Olha!	S	P	C		
Ti-qui-ti-qui-ti			C	S	A
À noite	S	P			
A bola gigante		P	C		

3-6 meses

Atividade					
O avião	S	P	C		
A gangorra	S	P			
Arre, Cavalinho!	S	P	C		
Com as mãozinhas		P		S	A
O elevador	S	P	C		
Está mexendo	S		C		
Espelhinho mágico		P	C		
O balanço		P	C		A
Ondinhas		P	C		A
Meu e seu	S	P	C	S	A
O pequeno malabarista		P	C		
Luzinhas	S	P	C		A
Natação		P	C	S	A

6-9 meses

Atividade					
Brincar com caixas de papelão	S	P	C		
Pulando obstáculos!		P			
A marionete	S	P	C		
Minha música	S	P	C		
Banho divertido		P	C	S	
As fotos	S		C	S	A
O túnel		P		S	A
Subir a montanha		P			
O mundo do papel		P	C		
No ar	S	P	C		
O escorregador		P	C		
O joão-bobo		P	C		
As caixas mágicas	S		C		

9-12 meses

Atividade					
Pega-pega engatinhando	S	P	C		
A expedição	S	P	C		A
Os rabiscos		P	C		
Estica e puxa		P	C	S	
Rasgando papel!	S	P	C		
A primeira construção			C		A
Cavalinho	S	P	C		
O pescador		P	C	S	
O lenço sem fim		P	C		A
O equilibrista	S		C		
O presente		P		S	A
O primeiro aniversário		P	C	S	A

SEGUNDO ANO

12-24 meses

Atividade					
Minha cabana	S		C	S	A
Para trás		P	C		
Artistas			C	S	
Andando muito bem!	S	P			
Pontaria		P	C		
As cores	S		C	S	
O boneco mágico			C	S	A
Vamos remar!		P	C		
O pintinho	S		C		
As bolhinhas		P	C		A
As fitas		P	C		
A surpresa		P	C		A
Com as mãos na água	S	P	C	S	
A lagarta		P	C		
Dedos	S		C	S	A
Massinha		P	C		
Encaixes		P	C		A
Meu clone		P	C	S	A
Os pares			C	S	

S Objetivos sensoriais   **P** Objetivos psicomotores   **C** Objetivos cognitivos

Atividade	S	P	C	S	A
Minha casa	S		C		A
A corneta	S	P	C		
A serpente		P			
Quebra-cabeças		P	C		A
Desenhos na areia		P	C		
As duplas	S		C		
O tesouro escondido	S	P	C		
Argila		P	C		
Pulinhos		P	C		
Castelos de areia	S	P	C		
A orquestra	S	P			
O carro	S	P	C		
O anel	S		C		
Fileira de obstáculos		P			
Ladeira abaixo		P		S	A
A lanterna			C		A
A locomotiva		P		S	A
Pescando "tampinhas"		P	C		A
Estou vendo...	S		C		
O primeiro carro			C		A
Levantar com o cobertor		P	C		
O carrossel		P	C	S	A
As roupas	S		C		
A colagem		P	C		
Meus animais	S	P	C		
Mostre-me	S		C		
Boa pontaria		P	C		A
O sino	S	P			
O despertador	S		C		A
A figura misteriosa			C		
Dar a volta		P	C	S	

TERCEIRO ANO
24-36 meses

Atividade	S	P	C	S	A
Passe-me a bexiga!		P			
O que você está ouvindo?	S		C		
O efeito dominó	S	P			A
A sombra		P	C		
Bolinhas		P	C		
Girar a folha	S	P	C		
A ponte	S	P	C		
O mundo das bexigas	S	P	C		
O objeto fantasma		P	C		
O armário			C		
Coloridos	S		C		
O naufrágio	S		C		
Números pequenos			C	S	A
Os chapéus		P	C		
A passagem secreta		P	C	S	
Quadro de adesivos		P	C		
O trenzinho		P	C		
Ao ataque!		P	C		A
Conte-me um conto			C	S	A
Diferenças			C		
Movimentos		P			
Natureza	S		C		
Quebra-cabeça		P	C		
A pequena percussão	S	P			
Bolhas de sabão		P	C		A
As folhas			C		
A poça	S			S	A
Os disfarces			C		
Caminhos de linhas		P	C		
A bola maluca		P	C		
Aviõezinhos de papel	S	P	C		
Os alvos flutuantes		P	C	S	
Os pregadores		P	C		
Siga as pistas	S		C		
O que tem dentro do saquinho?	S	P	C		
A caixa maluca		P	C		
Os ímãs	S	P	C		
O pequeno "chef"	S		C		
Tirar o palitinho maior	S		C		
A parede		P			
Que grande!	S	P	C		
Saquinhos		P	C		
A cobra		P	C	S	
Cordas		P			
Bote e rebote	S	P			
O alvo		P	C		
Mais cordas		P		S	A
As batatas		P	C		
Figurinhas planas		P	C		A
A grande corrida		P			

S Objetivos sociais   **A** Objetivos afetivos

Agradecimentos

Queremos agradecer a inestimável colaboração com a qual a Escola Infantil Magnòlia de Barcelona (Espanha) nos brindou. Muito obrigado à sua diretora, senhora Conxita Pericó, e a todas as educadoras do colégio.

Também temos que agradecer, de modo especial, a participação de todas as crianças que tornaram possível a maior parte das fotografias que ilustram as brincadeiras deste livro. Sua simpatia, disposição e ternura estão refletidas nestas páginas. Muitíssimo obrigado a:

Héctor Alaminos (O trenzinho, p. 151)
Paula Archiles (Os pregadores, p. 169)
Isaac Arroyo (Números pequenos, p.147)
Georgina Artimé (Massinha, p. 88)
Laura Asensio (Cordas, p. 182)
Héctor Aza (Saquinhos, p. 179)
Laia Batet (O que tem dentro do saquinho?, p. 171)
Laura Bernades (Caminhos de linhas, p. 164)
Raúl Castarnado (Rasgando papel!, p. 58; O presente, p. 67, e o capítulo 12 a 24 meses, p. 69)
Maria Cots (Levantar com o cobertor, p. 117)
Jordi Coupe (capítulo 24 a 36 meses, p. 131)
Gemma Duran (O carro, p. 107)
Judith Elies (Quadro de adesivos, p. 150, e Os disfarces, p. 150)
Ares Franquès (capítulo 12 a 24 meses, p. 69)
Andrea Galiano (Desenhos na areia, p. 98)
Irene Gallego (A surpresa, p. 83)
Victoria Haie (O efeito dominó, p. 134)
Pol Igualada (Aviõezinhos de papel, p. 166)
Renée Jiménez (A pequena percussão, p. 159)
Natàlia Leon (A grande corrida, p. 188)
Martina Longaron (Pontaria, p. 75)
Anna Loscos (Fileira de obstáculos, p. 109)
Gemma Marquina (O armário, p. 143)

Miquel Martín (O alvo, p. 184)
Oriol Mira (Boa pontaria, p. 124)
Arnau Monclús (O tesouro escondido, p. 100)
Marta Monroy (Girar a folha, p. 138)
Lucía Morales (Remando!, p. 78)
Daniel Moya (A cobra, p. 180)
Nil Palleras (A marionete, p. 42)
Elisa Palomera (O mundo dos balões, p. 140)
Nicolás Pérez (Ao ataque!, p. 81)
Alejandro Ribera (As bolhinhas, p. 81)
Maria Roig (Quebra-cabeças, p. 97)
Clàudia Roman (A corneta, p. 94)
Eloi Roman (Dedos, p. 87, e O despertador, p. 126)
Xavier Samsó (Minha casa, p. 93)
Marta Samsó (O pequeno "chef", p. 174, e Que grande!, p. 178)
Marta Simon (Pulinhos, p. 103)
Joan Taboada (Os chapéus, p. 148)
Mariona Teule (Brincar com caixas de papelão, p. 40; As fotos, p. 45, e Mundo dos papéis, p. 48)
Marc Torrents (Meu clone, p. 90)
Addaia Valeriano (À noite, p. 21)
Laia Verdeny (Figurinhas planas, p. 187)
Paula Yarza (Artistas, p. 73)

Também não podemos deixar de agradecer as pessoas que aparecem em algumas fotografias do livro. Obrigado também pela sua colaboração:

Lourdes Carreño
Manuel Galiano
Alberto López
Carmen López
Noemí Menéndez

Oriol Montanyà
Silvia Ortuño
Araceli Parrilla
Olga Rodríguez
Noemí Valentín